WORKBOOK

Cambridge Assessment International Education
Endorsed for learner support

Cambridge IGCSE™

Spanish

Simon Barefoot

VOCABULARY

HODDER EDUCATION

Every effort has been made to trace all copyright holders, but if any have been inadvertently overlooked, the Publishers will be pleased to make the necessary arrangements at the first opportunity.

Although every effort has been made to ensure that website addresses are correct at time of going to press, Hodder Education cannot be held responsible for the content of any website mentioned in this book. It is sometimes possible to find a relocated web page by typing in the address of the home page for a website in the URL window of your browser.

Hachette UK's policy is to use papers that are natural, renewable and recyclable products and made from wood grown in well-managed forests and other controlled sources. The logging and manufacturing processes are expected to conform to the environmental regulations of the country of origin.

Orders: please contact Hachette UK Distribution, Hely Hutchinson Centre, Milton Road, Didcot, Oxfordshire, OX11 7HH. Telephone: +44 (0)1235 827827. E-mail: education@hachette.co.uk Lines are open from 9 a.m. to 5 p.m., Monday to Friday. You can also order through our website: www.hoddereducation.com

ISBN: 978 1 5104 4809 4

© Simon Barefoot 2019

First published in 2019 by

Hodder Education,

An Hachette UK Company

Carmelite House

50 Victoria Embankment

London EC4Y 0DZ

www.hoddereducation.com

Impression number   10 9 8 7 6 5 4

Year   2024

Cover photo © Fotolia

Typeset in India

Printed by Hobbs the Printers Ltd, Totton, Hampshire SO40 3WX

A catalogue record for this title is available from the British Library.

Introduction

Welcome to the Cambridge IGCSE™ Spanish Vocabulary Workbook. This workbook will build your confidence in Spanish vocabulary and covers a wide range of key vocabulary. It is designed to complement the third edition of the textbook and to provide additional exercises to help you consolidate your learning. It supports the Cambridge IGCSE Spanish syllabus.

The sections in this workbook follow the order of your textbook. On each page there are spaces for you to write your answers, apart from some of the longer activities which are best done on a separate piece of paper. There is no set approach to using this workbook. You may wish to use it when studying the different units to help you learn vocabulary or at a later point in the course to help with vocabulary revision. The workbook is intended to be sufficiently flexible to suit whatever you feel is the best approach for your needs.

Answers

All answers to the exercises in this workbook can be found online here:
www.hoddereducation.co.uk/igcse_mfl_workbook_answers

Contents

1.1 My home (1)

Embarque

1 ¡Socorro! Escribe las vocales que faltan.

1 l__ __lde__

5 l__ m__nt__ñ__

2 __l b__rr__o

6 __l p__ebl__

3 l__ gr__nj__

7 __l __p__rt__ment__

4 __l lug__r

8 l__ c__ud__d

2 Los espacios faltan. Separa las palabras y escríbelas de forma correcta.

1 Laaldeaespequeñacondosgranjas.

....

2 Elpuebloestásituadoenunlugarmuytranquilo.

....

3 Laescaleraesdemasiadoestrechayeljardínnoesamplio.

....

4 Laplantabajatienesolounsalónquenoesnadaluminoso.

....

5 Lahabitaciónmásgrandeestáalladodeldespacho.

....

6 Esmuycómodoeldormitoriodeesteapartamento.

....

7 Elpisonuevotieneventanasconvistasmaravillosas.

....

8 Labutacamásgrandeestácercadelachimenea.

....

3 Resuelve los anagramas.

1 embluse ....

5 lónas ....

2 accion ....

6 boteria ....

3 lipoma ....

7 illopas ....

4 aceleras ....

8 tenvana ....

....

4 Sopa de letras. Busca las 10 palabras de la lista.

ANTIGUO	CAMPO	COMEDOR	DORMITORIO	PISO
CALEFACCIÓN	CASA	COSTA	JARDÍN	VIVIR

K	Z	I	C	N	O	C	N	D	Q	D	A	C	O	D
D	Y	H	O	Í	U	A	O	F	C	T	C	O	O	T
N	Q	T	U	D	U	L	X	U	S	A	W	R	Z	T
Q	D	B	I	R	T	E	K	O	G	Q	M	R	U	S
A	A	P	X	A	X	F	C	G	M	I	Q	P	R	H
L	N	S	B	J	R	A	S	C	T	L	T	F	O	J
R	O	D	E	M	O	C	L	O	R	E	W	N	A	P
X	V	W	F	C	H	C	R	T	C	Z	C	J	A	I
M	L	H	C	A	T	I	D	W	Q	O	H	Y	C	S
H	S	A	U	F	O	Ó	B	V	I	V	I	R	H	O
U	S	L	T	H	S	N	E	M	N	B	F	F	D	D
A	L	P	D	U	S	G	W	V	G	A	V	M	W	Q
V	F	V	R	G	Q	S	Q	Q	X	T	I	P	E	A
P	S	H	L	C	B	Z	P	N	Q	X	V	X	I	J
X	K	X	Z	P	A	G	R	Q	V	D	Z	Y	M	Y

1.1 My home (2)

Despegue

1 Usa un color diferente para marcar la palabra que no cuadra.

1 habitación	cocina	salón	lavaplatos
2 duermo	amplio	descanso	hago los deberes
3 viajo	desayuno	ceno	como
4 jardín	terraza	hermana	garaje
5 tranquilo	cómodo	antiguo	bodega
6 caracol	luminoso	oscuro	amplio
7 muebles	yoga	diseño	renovado
8 castillo	chalet	casa adosada	mapa

2 Crucigrama.

Horizontales

3 para ver mis series favoritas

5 para tocar en el salón

7 prepara la comida rápida en segundos

8 para videojuegos y más

9 lugar de preparación de comida

Verticales

1 relajarse

2 para sentarse y relajar

4 habitación favorita

6 actividad con un libro en el salón

3 Empareja la actividad (números) con el lugar (letras). ¡Atención! Hay un lugar que se usa dos veces.

1 donde duermo ....F..... **A** garaje

2 aquí juego al fútbol .... **B** ático

3 donde reparar el coche .... **C** cocina

4 leo aquí, pero no duermo .... **D** comedor

5 donde desayunar .... **E** jardín

6 preparo la comida aquí .... **F** *dormitorio*

7 donde cenar si hay visita .... **G** salón

8 donde nunca entro ....

1.1 My home (3)

vuelo

1 ¡Faltan letras! Completa las oraciones.

1 el f__igo__ífi__o está __ l__ izq__i__r__a

2 detr__s __e la __esa __ay u__a lá__p__r__

3 __engo u__a __sta__t__ría __on m__cho__ l__b__os

4 ha__ u__ jar__í__ e__ l__ p__rte tr__s__ra

5 a __a de__ech__ d__ __a pu__r__a es__á __a __ent__n__

6 __a ba__ido__a __e qu__d__ e__ __a __oci__a

7 h__y va__i__s __uad__o__ enc__m__ d__l __elo__

8 __l __óta__o __stá __e__ajo __e__ sal__n

2 Cazasustantivos. Escribe los sustantivos en el lugar correcto. ¡Atención! Cada vez hay una palabra que no necesitas.

1 El .... de los .... en la .... es importantísimo.

espejo   *cocina*   *tamaño*   *electrodomésticos*

2 Mi .... es fabuloso y tiene una .... con ....

cómoda   *fotos*   *paisajes*   *dormitorio*

3 Debajo de la .... guardo .... con ....

frigorífico   *cajas*   *cuadernos*   *cama*

4 Al lado hay una .... con .... al ....

jardín   *familia*   *vistas*   *ventana*

5 Mi .... y mis .... están encima de la ....

libros   *mesa*   *camas*   *ordenador*

6 Uso la .... en el .... el ....

fin de semana   *hamaca*   *jardín*   *sillón*

7 Cuando hago los .... del .... me siento en el

....

actividades   *sillón*   *instituto*   *deberes*

8 El .... es donde mi .... arregla su ....

padre   *electrodomésticos*   *moto*   *sótano*

3 a Detective de preposiciones. Estas preposiciones empiezan con "de" y tienen varias letras más. Una letra ya está escrita. Escribe las preposiciones y, con una línea, indica su equivalente en inglés.

de...	t............................	under
	l............................	inside
	n............................	behind
	b............................	in front

b Una preposición de lugar empieza con "de" y tiene cinco letras más. Se usa en la expresión que empieza "a la...". Escríbela. ....

c Estas preposiciones también se usan con "de" (esta vez, posicionado después de la preposición). Dos letras de cada palabra que buscas ya están escritas. Escribe las preposiciones y, con una línea, indica su equivalente en inglés.

en.....................................		far from
al.....................................	de	near to
ce.....................................		on top of
le.....................................		next to

1.2 My school (1)

Embarque

1 Los espacios faltan. Separa las palabras y escríbelas de forma correcta.

1 Enelinstitutoelrecreoesdivertido.

....

2 Lamúsicaesdifícilparamíyprefierolasmatemáticas.

....

3 Lascienciassonunasasignaturascomplejas.

....

4 Losidiomassoninteresantesyentretenidos.

....

5 Elprofesordicequeeldibujonuncaesunapérdidadetiempo.

....

6 Losdeberesdelenguasonfáciles.

....

7 Laasignaturamásútileslafísica.

....

8 Laprofesoradebiologíanoesnadaaburrida.

....

2 Usa un color diferente para marcar la palabra que no cuadra.

1 mediodía	ajedrez	coro	fotografía
2 descanso	patio	problema	recreo
3 hora	día	carta	jornada
4 biblioteca	profesor	aula	polideportivo

5 historia	dibujo	geografía	martes
6 entretenido	aburrido	interesante	estimulante
7 director	profesora	alumna	informática
8 uniforme	deporte	educación física	natación

3 Empareja los verbos en español (números) con su versión en inglés (letras). ¡Atención! No necesitas todos los verbos en inglés. Se ha hecho el primero como ejemplo.

1	charlar	....D....	**A**	to study	**F**	to write
2	empezar	....	**B**	to return	**G**	to last
3	durar	....	**C**	to eat	**H**	to finish
4	terminar	....	**D**	*to chat*	**I**	to start
5	volver	....	**E**	to have fun	**J**	to learn
6	aprender	....				
7	divertirse	....				
8	estudiar	....				

4 Rellena los huecos con la palabra apropiada del recuadro. ¡Atención! No necesitas todas las palabras.

1 La biología en mi .... siempre es una asignatura ....

2 Las lenguas son .... y .... mucho.

3 Tengo muchos deberes hoy: primero voy a .... matemáticas y después mi

.... favorita, el inglés.

aprendo	**francés**	**asignatura**	**ciencias**	**física**
estudiar	**interesante**	**instituto**	**divertidas**	**educación física**

1.2 My school (2)

Despegue

1 Resuelve los anagramas.

1 ída ....

4 calores ....

2 reintentase ....

5 derrapen ....

3 cinesica ....

6 daimio ....

2 Usa las pistas para descubrir la palabra que necesitas. Aquí todas las soluciones empiezan con "f".

1 Una de las ciencias. f..

2 Un idioma que puedes aprender en el instituto. f..

3 Algo preferido. f..

4 Contrario de "difícil". f..

5 Un pasatiempo, estudiado en un taller. f..

6 La última parte de un día escolar. f..

7 Un día extra de vacaciones. f..

8 Un deporte que puedes practicar en el instituto. f..

3 a Decide cuál de los adjetivos es el correcto.

1 Las ciencias no son nada **agradable | aburridas**.

2 La música me resulta muy **entretenida | especiales**.

3 Para mí, la biología es **cómodas | compleja**.

4 La asignatura más **útil | universales** es el inglés.

5 El descanso es **difíciles | divertido** porque estoy con los amigos.

3 b Ahora, sin contar acentos, forma una palabra (relacionada con el instituto) con las letras iniciales de los adjetivos.

4 En cada espacio falta una letra. Escribe las letras que faltan.

1 ap__en__er   **3** el i__i__ma   **5** la __ro__es__ra   **7** el __ecr__o

2 el __e__can__o   **4** la __en__ua   **6** la__ c__enc__as   **8** __ác__

1.2 My school (3)

vuelo

1 Descubre las palabras secretas. Observa que las letras que se usan corresponden a una serie de números. Utiliza la clave para descifrar las palabras; atención porque además tienes que rellenar algunos espacios y tendrás que añadir los acentos ortográficos que faltan.

A	B	C	D	E	G	H	I	L	M	N	O	P	R	S	T	U	V
1	2	3	4	5	7	8	9	12	13	14	15	16	18	19	20	21	22

1 5, 19, 20, 21, 4, __, 1, 14, __, 5 ....

2 8, 15, 18, 1, __, __, 15 ....

3 4, 5, 16, —, 18, 20, 1, —, 5, —, 20, 15 ....

4 7, 9, 13, —, 1, 19, —, 15 ....

5 15, 16, 20, 1, —, —, 22, 15 ....

6 3, 21, —, —, 15 ....

7 15, —, 12, —, 7, 1, —, 15, —, 9, 15 ....

8 1, 12, —, 13, —, 15 ....

2 Usa las pistas para descubrir las palabras que necesitas.

   1 Una sala en que se enseña. ....

   2 Un edificio; sinónimo de "instituto". ....

   3 Una sala o parte de un edificio en que se guardan y se leen libros. ....

   4 Sala usada para educación física y una variedad de deportes. ....

   5 Sinónimo de "comedor"; empieza con "c". ....

   6 Contrario de "voluntario". ....

   7 Una pausa en el día escolar, sinónimo de "descanso". ....

   8 Palabra usada para hablar de una clase cuando se enseña un pasatiempo y no una asignatura.

     ....

3 Cazasustantivos. Escribe los sustantivos en el lugar correcto. ¡Atención! Cada vez hay una palabra que no necesitas.

   1 Los .... aprenden sobre las .... en el

    ....

    laboratorio   *alumnos*   *matemáticas*   *ciencias*

   2 Hay muchos .... que se pueden practicar en el ....

    con los ....

    equipos   *polideportivo*   *deportes*   *compañeros*

   3 El .... de .... es interesante para los

    ....

    profesora   *alumnos*   *fotografía*   *taller*

   4 El próximo .... vamos a estudiar el .... ,

    una .... popular actualmente.

    lengua   *idioma*   *curso*   *chino*

5 Mi .... tiene buenas .... aunque el

.... es antiguo.

libro　　　　　　　*instituto*　　　　　　　*instalaciones*　　　　　　*edificio*

6 Uso la .... durante el .... y voy allí con mis

....

amigos　　　　　　　*recreo*　　　　　　　*lección*　　　　　　　*biblioteca*

7 El .... de mi .... es interesante y enseña el

....

inglés　　　　　　　*colegio*　　　　　　　*física*　　　　　　　*director*

8 El .... de .... está en la segunda

....

español　　　　　　　*horario*　　　　　　　*planta*　　　　　　　*departamento*

1.3 My eating habits (1)

Embarque

1 Sopa de letras. Busca las 10 palabras de la lista.

E	X	E	F	W	K	N	E	Q	Q	S	G	O	S	O
B	N	W	N	C	A	R	N	E	A	O	E	O	B	D
A	G	A	O	E	Q	O	E	V	S	Y	W	U	U	L
Z	P	U	C	U	Y	V	U	P	T	Y	R	Z	G	U
E	O	M	C	O	J	T	W	R	W	O	V	Z	H	J
N	U	R	O	M	Q	F	H	W	C	L	D	U	O	R
S	D	L	R	K	M	I	M	D	H	L	D	R	G	L
S	D	I	E	A	T	D	D	W	W	O	A	A	T	T
C	Z	P	A	C	O	V	E	U	H	P	J	W	V	Z
X	N	E	L	A	H	Z	V	G	Y	D	L	P	U	I
S	D	E	L	J	U	E	I	O	L	H	U	T	D	I
D	J	V	O	D	N	G	A	D	A	L	A	S	N	E
I	V	T	B	I	B	H	A	N	M	L	X	T	W	J
F	V	C	E	N	O	O	P	E	L	S	V	L	S	X
W	X	D	C	P	A	Z	O	N	Y	F	U	E	A	G

AGUA

ARROZ

CARNE

CEBOLLA

ENSALADA

HUEVO

LECHE

PAN

POLLO

UVAS

2 Usa un color diferente para marcar la palabra que no cuadra.

1 café	té	mermelada	batido
2 agua	leche	limonada	marisco
3 cenar	desayunar	pan	comer
4 pastel	postre	tarta	salchicha
5 mantequilla	desayuno	almuerzo	cena
6 rico	delicioso	grasiento	fresco
7 pollo	plátano	manzana	piña
8 salmón	filete	atún	trucha

3 Decide si estas oraciones son verdaderas (V) o falsas (F).

1 El desayuno es por la tarde. ☐

2 La leche es un líquido blanco. ☐

3 Cenamos a las nueve de la mañana. ☐

4 Los pasteles y los postres son dulces. ☐

5 La cebolla es un postre. ☐

6 La ensalada se sirve para el desayuno. ☐

7 La paella tiene arroz. ☐

8 El zumo de fruta es una bebida. ☐

4 Descubre las palabras secretas. Observa que las letras que se usan corresponden a una serie de números. Utiliza la clave para descifrar las palabras; atención porque además tienes que rellenar algunos espacios y tendrás que añadir los acentos ortográficos que faltan.

A	C	D	E	F	G	H	I	L	M	N	O	P	R	S	T	U	V	Z
1	3	4	5	6	7	8	9	12	13	14	15	16	18	19	20	21	22	23

1 8, 21, 5, __, 15, 19

....

2 __, 1, 20, 1, 20, 1

....

3 6, 18, __, 19, 1

....

4 3, 8, 15, 3, 15, 12, 1, __, 5

....

5 16, 1, __, 12, 12, 1

....

6 20, 15, 13, __, 20, 5

....

7 20, 15, 18, 20, __, 12, 12, 1

....

8 1, 18, 18, 15, __

....

1.3 My eating habits (2)

Despegue

1 ¡Socorro! Escribe las vocales que faltan para descubrir el alimento. Una pista: el símbolo *
significa que las vocales que faltan son las mismas.

  1 p__t__t__*   **3** b__c__d__ll__   **5** l__ch__*   **7** p__ñ__

  2 m__nz__n__*   **4** t__st__d__   **6** z__m__   **8** c__r__al__s*

2 Escoge la palabra apropiada del recuadro, usando las pistas para ayudarte. ¡Atención! No necesitas
todas las palabras.

leche	fresa	tortilla	tomate	pescado
limonada	mantequilla	plátano	helado	azúcar

  1 Verdura fresca, de color rojo, para ensaladas. ....

  2 Postre muy frío; de vainilla, fresa, chocolate. ....

  3 Plato español de huevos, patatas, cebolla. ....

  4 Fruta roja, pequeña, muy dulce; helado de .... , batido de ....

  5 Alimento básico del mar, de muchas proteínas. ....

  6 Para endulzar pero ¡atención! consumir poco de este producto. ....

  7 Líquido blanco, nutritivo. ....

  8 Fruta amarilla, alargada del Caribe. ....

3 Faltan letras aquí. Usa las pistas para descubrir las palabras relacionadas con la comida.

  1 [dulce] cho__ __l__ __e   **5** [con chocolate] ch__rr__ __

  2 [fruta] ma__ __ana   **6** [fritos, por ejemplo] h__e__os

  3 [plato típico español] __ __ell__   **7** [fritas, por ejemplo] __a__a__as

  4 [de tomate, por ejemplo] __a__s__   **8** [primera comida del día] __e__a__u__o

4 Rellena los huecos con las palabras del recuadro. ¡Atención! No necesitas todas las palabras.

  1 Las verduras frescas son ....

  2 La comida .... como las hamburguesas o las pizzas es una opción.

  3 Para mí, el curry es demasiado .... , pero hay personas a quienes les gusta
mucho.

  4 La fruta, especialmente .... , me encanta.

  5 Los vegetales que más como son las ....

  6 Soy vegetariana y no como ....

7 Una bebida que me encanta, sobre todo cuando hace calor, es la .... fría.

8 Si hay pescado, suelo pedir .... : me encanta.

carne	café	picante	los mariscos	rápida
limonada	la piña	sanas	zanahorias	el salmón

1.3 My eating habits (3)

vuelo

1 Resuelve los anagramas.

1 cronica ....

5 racimos ....

2 pectina ....

6 ignoraste ....

3 laminado ....

7 llagaste ....

4 aldeanas ....

8 villania ....

2 Empareja las palabras en español (números) con su versión en inglés (letras). ¡Atención!
No necesitas todas las palabras en inglés. Se ha hecho el primero como ejemplo.

1 aceite ......J......

A salty

F balanced

2 equilibrado ....

B pepper

G soft drink

3 refresco ....

C dry

H oven

4 seco ....

D biscuit

I food

5 horno ....

E to cook

J *oil*

6 cocinar ....

7 alimento ....

8 salado ....

3 Faltan adjetivos. Para cada sección hay cuatro, pero solo dos son correctos. Rellena los huecos con
el adjetivo apropiado.

1 La cena es .... porque hay dos de mis platos ....

asquerosa   *favoritos*   *diarios*   *deliciosa*

2 La carne no me entusiasma – la encuentro .... Prefiero las verduras

....

grasienta   *riquísima*   *frescas*   *artificiales*

3 Prefiero los postres porque son .... pero lo que quiero es tener una dieta

....

equilibrada   *saturada*   *salados*   *dulces*

4 Demasiado azúcar puede ser .... para la salud y no hay que abusar de las

bebidas ....

frescas   *perjudicial*   *positivo*   *artificiales*

5 El consejo de los médicos es tomar cuatro o cinco porciones .... de frutas

y verduras y evitar las grasas............................ .

naturales   *semanales*   *saturadas*   *diarias*

6 Una consumición .... de tartas o caramelos es recomendable pero la clave

aquí es mantener una dieta ....

variada   *rápida*   *reducida*   *elevada*

7 Para llevar una vida .... hay que evitar demasiados productos

.... pero el equilibrio es lo que buscamos.

caros   *sana*   *básicos*   *fritos*

8 Las dietas de los famosos no siempre son............................ . Hay que tener cuidado si

empleamos una dieta .... para adelgazar.

rápida   *nutritiva*   *adictivas*   *eficaces*

1.4 My body and my health (1)

Embarque

1 Los espacios faltan. Separa las palabras y escríbelas de forma correcta.

1 Tengodolordemuelas

....

2 Nomesientobienymedueletodo.

....

3 Lasoluciónesunavisitaalmédico.

....

4 Elojoderechoestáhinchado.

....

5 Eldolordegargantaesunsíntomafrecuente.

....

6 Eljarabeayudaaaliviarlatos.

....

7 Melesionéytengolapiernadolorida.

....

8 Medueleconmuchafrecuencia.

....

2 Resuelve los anagramas. (El último consta de dos palabras.)

1 góteamos ....   **5** colusión ....

2 peladas ....   **6** colisiónan ....

3 samuel ....   **7** bajare ....

4 manítos ....   **8** altos ....

3 En cada sección faltan dos palabras. Escógelas de las cuatro de la lista.

1 Me .... la garganta y no estoy ....

    enfermo   *bien*   *gusta*   *duele*

2 Tengo un dolor .... en la pierna ....

    derecha   *intenso*   *posible*   *pierna*

3 La espalda es un .... para mí y no me encuentro ....

    cómoda   *derecha*   *solución*   *problema*

4 Actualmente mi .... de salud es un poco ....

    estado   *fuerte*   *dolor*   *delicado*

4 ¡Estas frases no tienen sentido! Cambia el orden de las palabras para resolverlas. La primera palabra ya la tienes.

1 ojos me mucho los duelen

    Los ....

2 dolor de tengo muelas un intenso

    Tengo ....

3 demasiado ahora y me estómago comí el duele

    Comí ....

4 no tengo es que tos la con problema el nuevo

    El ....

5 siento cuando nunca viajo me bien

    Nunca ....

6 estado dice bueno médico salud mi de es me que el

    El ....

1.4 My body and my health (2)

Despegue

1 Usa un color diferente para marcar la palabra que no cuadra.

1 virus	fiebre	malestar	verano
2 nariz	cabeza	descanso	espalda
3 fuerte	intenso	pequeño	serio
4 intestinos	fatiga	estómago	garganta
5 pastilla	tos	fiebre	dolor
6 diarrea	gripe	médico	insolación
7 mareos	picor	remedio	vómitos
8 ojos	hospitales	tobillos	brazos

2 Descubre las palabras secretas. Observa que las letras que se usan corresponden a una serie de números. Utiliza la clave para descifrar las palabras; atención porque además tienes que rellenar algunos espacios y tendrás que añadir los acentos ortográficos que faltan.

A	B	C	D	E	G	H	I	L	M	N	O	P	R	S	T	U
1	2	3	4	5	7	8	9	12	13	14	15	16	18	19	20	21

1 18, 5, 13, 5, 4, __, 15

....

2 3, 15, 14, 19, __, 9, 16, 1, 4, 15

....

3 9, 14, __, 15, 12, 1, 3, 9, __, 14

....

4 18, 15, 4, __, 12, 12, 1

....

5 3, 15, 13, 16, 18, __, 13, 9, 4, 15

....

6 __, 15, 13, 2, 18, 15

....

7 4, 5, 4, __

....

8 7, 1, 18, 7, 1, __, 20, 1

....

3 ¡Faltan letras! Completa las oraciones.

1 S__ n__ desapa__ec__ la dia__ __ea, c__nsult__ a t__ mé__ico.

2 El __utb__lista tie__e __a pie__na rot__

3 El pi__or en la e__p__lda o__urre con una __nsolaci__n.

4 El reme__io p__ra l__ __ripe e__ __uedar__e en la __ama.

5 Tene__ __ales__ar gene__al y __atiga es __uy in__ómo__o.

6 __i tie__es __olor __e mue__as __o du__es en __r al __ent__sta.

7 De_es _omar _sta_ pas_il_as cu_tro _eces al _ía.

8 Par_ ali_iar el _olo_ l_s rem_di_s _ase_os n_ _on _uy e_icaces.

4 Decide si estas oraciones son verdaderas (V) o falsas (F).

1 La insolación es un virus.   ☐

2 El dolor intenso puede producir vómitos.   ☐

3 Tener diarrea es muy molesto pero relativamente fácil de tratar.   ☐

4 Si te duelen los ojos es mejor tomar una bebida caliente.   ☐

5 Los síntomas de un constipado pueden ser variados.   ☐

6 Si persiste el dolor en cualquier parte del cuerpo es mejor consultar al médico.   ☐

7 Bebe agua fría para bajar la temperatura.   ☐

8 Si tienes un constipado, evita el contacto con el médico.   ☐

1.4 My body and my health (3)

Vuelo

1 Empareja las palabras en español (números) con su versión en inglés (letras). ¡Atención! No necesitas todas las palabras en inglés. Se ha hecho el primero como ejemplo.

1 ejercicio	....D....		**A**	junk food
2 evitar	....		**B**	full meal
3 salud	....		**C**	light
4 comida basura	....		**D**	*exercise*
5 disfrutar	....		**E**	to put on weight
6 ligero	....		**F**	to avoid
7 engordar	....		**G**	to go to the gym
8 perder peso	....		**H**	to lose weight
			I	health
			J	to enjoy

2 Cazasustantivos. Escribe los sustantivos en el lugar correcto. ¡Atención! Cada vez hay una palabra que no necesitas.

1 El .... moderado y una .... mediterránea es una buena

....

dieta	*ejercicio*	*combinación*	*equilibrio*

2 Para evitar el .... , 20 .... de .... ayudarán.

horas	*sedentarismo*	*ejercicio*	*minutos*

3 Prueba hacer .... o algo más moderno como .... con

.... para bailar.

música   *Zumba*   *dolores*   *footing*

4 Según un .... reciente, hacer .... de ....
regular no es tan común.

deporte   *vida*   *forma*   *estudio*

5 La .... es que la .... es necesaria para nuestra

....

ejercicio   *actividad*   *conclusión*   *salud*

3 Usa las pistas para descubrir las palabras que necesitas.

1 Contrario de "adelgazar". ....

2 Sinónimo de "no encontrarse bien". ....

3 Contrario de "relajarse". ....

4 Contrario de "recordar". ....

5 Una actitud pasiva; tendencia a quedarse en el sofá mirando la tele.

....

6 Contrario de "saludable" cuando se trata de una dieta. ....

4 Crucigrama

Horizontales

2 deporte perfecto para mover el cuerpo al completo

5 descripción de un regimen variado

Verticales

1 regimen para regular lo que se consume

3 perder peso

4 ejercicio para controlar el estrés

2.1 Self, family, pets, personal relationships (1)

Embarque

1 Sopa de letras. Busca las 10 palabras de la lista.

R	K	Q	W	Y	A	W	L	E	N	O	R	M	E	K
B	Y	P	W	U	J	R	W	A	K	D	W	D	I	M
S	B	O	N	I	T	O	B	F	I	A	T	F	E	X
U	E	K	I	Q	O	S	E	Z	K	N	W	Y	M	U
M	B	E	M	X	H	G	I	R	S	J	E	R	E	W
B	P	V	X	F	O	R	L	I	M	F	U	G	D	R
F	H	J	Z	J	W	V	O	Z	C	X	O	J	A	B
T	U	Q	I	P	A	V	D	A	E	Y	U	P	C	S
Z	P	L	D	X	T	R	A	D	R	Á	P	I	D	O
S	S	Y	K	Q	R	A	G	O	O	G	J	I	X	Q
M	A	S	C	O	T	A	L	I	B	B	O	L	F	T
H	Z	B	Y	P	O	B	E	A	L	E	F	R	T	B
F	M	Y	L	G	E	T	D	Z	I	I	N	W	D	C
V	S	M	U	F	K	D	W	O	E	F	D	K	Y	O
F	Z	N	D	P	O	A	I	F	H	L	M	Q	M	Q

BAJO
BONITO
DELGADO
ENORME
FEO
GENIAL
GORDO
MASCOTA
RIZADO
RÁPIDO

2 Los espacios faltan. Separa las palabras y escríbelas de forma correcta.

1 Lasgafasquellevosongeniales.

....

2 Soyhijoúnicoyunpocotímido.

....

3 Enmifamiliasomoscuatrohermanos.

....

4 Tengounamascotagrandeperoinofensiva.

....

5 Ellorodemiamigaespequeñoyverde.

....

6 Tengomuchointerésenelrugby.

....

7 Yotengoelpelolargoyrizado.

....

8 Miamigotieneungatofeoperotranquilo.

....

3 Usa un color diferente para marcar la palabra que no cuadra.

1 discuto	hermano	primo	padre
2 gordo	feo	agresivo	rosa
3 inteligente	genial	idiota	guapo
4 loro	perro	tortuga	tío
5 rizado	liso	inteligente	largo
6 motivo	delgado	bajo	alto
7 pelo	relaciones	ojos	dientes
8 mayor	rubio	negro	marrón

2.1 Self, family, pets, personal relationships (2)

Despegue

1 Resuelve los anagramas.

1 enromo ....

2 catamos ....

3 enliga ....

4 tequio ....

5 impar ....

6 botija ....

7 estara ....

8 cativo ....

2 ¡Faltan letras! Completa las oraciones.

1 El c_mpl_año_ d_ mi pa_á _s _aña_a.

2 _oy _ij_ _nica _ero _engo _uc_os _rimos.

3 M_s _erm_nos _on _er_ioso_ p_ro _o _oy _ran_uilo.

4 _i _adre _s _elg_do y _o _amb_én.

5 _a _ascot_ _e _i her_a_a _s _na _or_uga.

6 _odo_ _is am_gos _on _abl_d_res.

7 E_ _elo _e _i _ía _s _iz_do.

8 M_ pad_e lle_a ga_as _ero m_ mad_e _o.

3 En cada una de estas preguntas falta una palabra. Rellena el hueco con la palabra apropiada.

1 ¿Cómo .... llamas?

2 ¿ .... es tu carácter?

3 ¿De que .... tienes el pelo?

4 ¿En .... trabaja tu padre?

5 ¿Siempre .... gafas de sol?

6 ¿ .... vives?

7 ¿Cómo .... físicamente?

8 ¿Cuántos años .... ?

2.1 Self, family, pets, personal relationships (3)

Vuelo

1 ¡Estas frases no tienen sentido! Cambia el orden de las palabras para resolverlas. La primera palabra ya la tienes.

1 es mi hombre un de padre negocios.

Mi ....

2 con hermano discuto mi siempre.

Siempre ....

3 yo somos muy primos mis y iguales.

Mis ....

4 muy amigas me con todas bien mis llevo.

Me ....

5 porque tío es a muy admiro trabajador mi.

Admiro ....

6 los todos me con mis domingos hermanastros quedo.

Me ....

7 que mejor nuestra unidos muy es lo de familia estamos.

Lo ....

8 bastante mi rara que es creo familia.

Creo ....

2 Cazasustantivos. Escribe los sustantivos en el lugar correcto. ¡Atención! Cada vez hay una palabra que no necesitas.

1 Hay muchos .... por los que se discute en una

....

hermanastros *familia* *motivos*

2 Mi padre nunca llega puntual a casa. Siempre hay .... por este

....

motivo *problemas* *relaciones*

3 No me llevo nada bien con mis .... porque solo hablan del

....

primos *alumno* *fútbol*

4 La .... de mi amiga es tan simpática: siempre hay una

.... para comer con ellos.

invitación *restaurante* *familia*

5 Mi .... y yo siempre recibimos la misma

.... pero no es justo pues yo ayudo más.

paga *dinero* *hermano*

6 Las .... domésticas las hago yo y los otros no hacen más que mirar la

....

tele *peleas* *tareas*

7 Los ....de mi .... son muy
graciosos.

discusiones *mellizos* *tía*

8 Las .... entre mi .... y su "ex" han
mejorado últimamente.

padre *relaciones* *soluciones*

3 Usa las pistas para descubrir las palabras que necesitas.

1 Contrario de "agradable". ....

2 El dinero que los padres suelen dar de forma regular a sus hijos.

....

3 Verbo que describe que todos los miembros de la familia siempre están de acuerdo.

....

4 Si alguien te hace reír significa que esta persona es ....

5 Si no tienes hermanos, eres hijo ....

6 Tu hermana más joven es tu hermano ....

7 Sinónimo de "soportar". ....

8 Sinónimo de "pelea". ....

2.2 Life at home (1)

Embarque

1 Empareja las palabras en español (números) con su versión en inglés (letras). ¡Atención! No necesitas todas las palabras en inglés. Se ha hecho el primero como ejemplo.

1 cocinar	....G....	**A**	to listen	**F**	chess
2 el deporte	....	**B**	to play (an instrument)	**G**	*to cook*
3 la guitarra	....	**C**	sport	**H**	guitar
4 el pasatiempo	....	**D**	hobby	**I**	magazine
5 la revista	....	**E**	fashion	**J**	television
6 la tele	....				
7 tocar	....				
8 el ajedrez	....				

2 Descubre las palabras secretas. Observa que las letras que se usan corresponden a una serie de números. Utiliza la clave para descifrar las palabras; atención porque además tienes que rellenar algunos espacios y tendrás que añadir los acentos ortográficos que faltan.

A	B	C	D	E	G	H	I	J	L	M	N	O	P	R	S	T	U	V
1	2	3	4	5	7	8	9	10	12	13	14	15	16	18	19	20	21	22

1 10, 21, —, 1, 18

....

2 —, 9, 4, 5, 15, 10, 21, 5, 7, 15

....

3 18, 5, 3, 5, —, 1

....

4 5, 19, —, 21, 4, 9, 1, 18

....

5 3, 15, —, 9, 3

....

6 13, 15, 4, —

....

7 16, —, 1, 3, 20, 9, 3, 1, 18

....

8 9, 14, —, 20, 18, 21, 13, 5, 14, 20, 15

....

3 Usa un color diferente para marcar la palabra que no cuadra.

1 acostarse	despertarse	peinarse	juego de mesa
2 desayunar	ducharse	comer	cenar
3 ver la tele	estudio en clase	leer libros	escuchar música
4 vestirse	lavarse las manos	lavarse la cara	lavarse los dientes
5 deporte	tarde	piano	ajedrez
6 trabajo	me relajo	juego	veo la tele
7 estudio	hago los deberes	preparo las tareas	vuelvo a casa
8 vestirse	preparar la ropa	relajarse	ponerse el uniforme

2.2 Life at home (2)

Despegue

1 ¡Faltan las vocales "a", "o", "u"! Completa las palabras.

1 r_tin_

2 n__s d_ch_m_s

3 __c_s_rse

4 pein_rse

5 l__v_rse

6 v_elvo _ c_s_

7 me p_ng_ el _nif_rme

8 des_y _no

2 Resuelve los anagramas.

1 salvare ....

2 cronica ....

3 poderte ....

4 destruia ....

5 ponia ....

6 rajarle ....

7 serviste ....

8 acerte ....

3 Decide si estas oraciones son verdaderas (V) o falsas (F).

1 El ajedrez es un instrumento musical. ☐

2 Las recetas se usan para cocinar. ☐

3 El desayuno se toma por la mañana. ☐

4 Ponerse el uniforme antes de ducharse es una buena idea. ☐

5 Para tocar bien el piano es necesario practicar. ☐

6 Navegar por Internet es fácil con una buena conexión. ☐

7 Tocar la guitarra y cocinar al mismo tiempo es fácil. ☐

8 Ver la tele durante horas puede ser aburrido. ☐

2.2 Life at home (3)

Vuelo

1 ¡Faltan letras en estos verbos! Completa las palabras.

   1 f__e__ar   **3** __ec__ger   **5** __ult__var   **7** __ra__ajar

   2 p__an__har   **4** __im__iar   **6** __or__ar   **8** p__te__er

2 Rellena los huecos para resolver las oraciones escogiendo dos de las tres palabras a continuación.

   1 Nosotros .... los platos por turnos; hacemos lo mismo para

      .... el césped.

      cortar   *compramos*   *fregamos*

   2 Una vez a la semana yo paso la .... mientras mi hermano

      .... la ropa.

      cancha   *plancha*   *aspiradora*

   3 Tengo que .... mi cama por la mañana; después yo .... el polvo.

      hacer   *romper*   *quito*

   4 En la finca mi padre .... uvas. Como todo está muy seco mi tarea es .... las plantas.

      regar   *cultiva*   *poner*

   5 Todos ayudamos a .... la fruta y después mi madre .... unos zumos deliciosos.

      desayunar   *recoger*   *prepara*

   6 Si .... el coche mi padre me paga y si además .... mis cosas del garaje me da todavía más.

      lavo   *mando*   *recojo*

3 Detective de tareas domésticas. ¿Las descripciones/pistas se refieren a qué tarea?

   1 Trabajar en la cocina preparando las comidas. ....

   2 La planta crece porque el jardinero la cuida. Sinónimo de "cuidar". ....

   3 Verbo que se usa para describir la limpieza de los platos y otros utensilios.

      ....

   4 Ordenar cosas en el cuarto. Sinónimo de limpiar. ....

5 Si la hierba crece demasiado, hay que ....la.

6 Lo que se hace con la mesa después de comer o cenar. ....

7 Organizar las cosas antes de salir de viaje. ....

8 Sinónimo de "utilizar" la aspiradora. ....

2.3 Leisure, entertainments, invitations (1)

Embarque

1 Empareja las palabras en español (números) con su versión en inglés (letras). ¡Atención! No necesitas todas las palabras en inglés. Se ha hecho el primero como ejemplo.

1	el atletismo	....C....	**A**	boring	**F**	training session
2	el baloncesto	....	**B**	free time	**G**	to have fun
3	entretenido	....	**C**	*athletics*	**H**	entertaining
4	el partido	....	**D**	basketball	**I**	tournament
5	el/la aficionado/a	....	**E**	supporter/fan	**J**	match
6	aburrido	....				
7	divertirse	....				
8	el entrenamiento	....				

2 ¡Estas frases no tienen sentido! Cambia el orden de las palabras para resolverlas. La primera palabra ya la tienes.

1 con voy domingo amigos polideportivo al el los

El ....

2 toco y encanta una música el violín en me la orquesta

Me ....

3 cansa los entreno días y mucho todos esto

Todos ....

4 al dedico y competir me me baloncesto gusta

Me ....

5 los el la todo deporte sábados por practico tarde sobre

Practico ....

6 del es es deporte lo sociable mejor que

Lo ....

7 y otras música como la tengo leer aficiones

Tengo ....

8 la voy piscina temprano quedo y me normalmente a una hora

Normalmente ....

3 En cada espacio falta una vocal pero ¡han desaparecido! ¡Socorro! Escribe las vocales que faltan. Una pista: el símbolo * significa que las vocales que faltan son las mismas.

1 p__rticip__r*

2 __ntr__nar*

3 b__l__nc__st__

4 t__c__* m__s__ca

5 m__r__tón*

6 __ntr__t__nido*

7 d__port__*

8 mis int__r__s__s*

2.3 Leisure, entertainments, invitations (2)

Despegue

1 Usa un color diferente para marcar la palabra que no cuadra.

1 quedar	organizar	invitar	el instituto
2 suficiente	invitación	pastel	regalos
3 celebración	fiesta	preguntas	invitados
4 gustar	apetecer	encantar	contestar
5 jugar	reservar	sacar entradas	planear
6 barato	económico	carísimo	razonable
7 especial	exótico	maravilloso	casero
8 celebrar	disfrutar	odiar	pasarlo bien

2 Detective lingüístico. Resuelve las pistas.

1 Decidir cuándo y dónde para encontrarte con tu amigo/a. ....

2 Preparar una celebración importante. ....

3 Contrario de "cenar en casa": cenar ....

4 Sinónimo de "producir" mucho trabajo. ....

5 Si quieres ir a un restaurante popular, bastante antes tienes que llamar y ....

6 El período en que no se trabaja y se relaja. ....

7 Sinónimo de "económico". ....

8 Sinónimo de "tarta" – se come normalmente cuando se celebra un cumpleaños.

....

3 ¡Estas frases no tienen sentido! Cambia el orden de las palabras para resolverlas. La primera palabra ya la tienes.

1 vamos especial algo a organizar

Vamos ....

2 andar es concierto lo para ir al mejor

Para ....

3 me grupo la encanta del música

Me ....

4 tarde los más amigos a quedar vamos con

Más ....

5 después ir opción sería de una comer

Una ....

6 mucho organizar va esta a generar trabajo celebración

Organizar ....

7 el mi amiga de es mañana cumpleaños

Mañana ....

8 a invitar buena es mucha idea gente una

Es ....

2.3 Leisure, entertainments, invitations (3)

vuelo

1 ¡Faltan los sustantivos en todo el párrafo! Rellena los diez huecos, pero ¡atención! porque hay más palabras que huecos.

Cuando visité Chile

Mi padre buscó un pequeño .... donde la .... nos trató muy

bien. Entonces el martes, a primera hora, tomamos otro .... para subir hacia las

.... Tardamos muchísimo en llegar. Pero esquiamos en los Andes – para

mí, lo mejor de la .... , y tengo bastantes .... para enseñarte.

Pasamos tres .... allí y cuando regresamos a Santiago el viernes por la

.... , un .... organizó varias .... culturales.

fotos	tarde	autocar	gente	chicas	visitas	montañas
viaje	noches	dinero	hotel	amigo	semana	

2 Rellena los huecos para resolver las oraciones escogiendo dos de las tres palabras a continuación.

1 Nosotros .... un viaje a Argentina; .... a Buenos Aires primero.

decidimos   *volamos*   *organizamos*

2 La experiencia me .... porque .... la capital antes de viajar al interior.

vimos   *subimos*   *encantó*

3 La excursión a la selva .... 4 días y .... que el paisaje era maravilloso.

descubrí   *preparé*   *duró*

4 El avión que............................. para ir al interior .... en un aeropuerto pequeño.

llegó   *tomamos*   *aterrizó*

5 La selva resultó .... por la cantidad de árboles y plantas que

....

descubrí   *comí*   *inolvidable*

6 En total .... 8 días en el país y lo que más me .... fue el ambiente de la capital.

pasé   *recordé*   *gustó*

3 Crucigrama

Horizontales

4 viaje corto, posiblemente a pie

5 muy pronto por la mañana

6 vuelta

7 fabuloso

8 atmósfera

Verticales

1 dejar de existir

2 polución

3 No sé cuánto tiempo voy a _____.

2.4 Eating out (1)

Embarque

1 Resuelve los anagramas. (El último consta de dos palabras.)

1 sacarmela ....

2 poca ....

3 alta ....

4 arsenico ....

5 actuen ....

6 amarreco ....

7 perdi ....

8 tenderse ....

2 ¡Faltan letras! Completa las palabras. Una pista: el símbolo * significa que las letras que faltan son las mismas.

1 car__e co__ a__ro__

2 p__scado de s__gundo

3 una __ar__a* de __ho__olate*

4 un p__c__* m__s de pa__

5 __ara mí __nos __ha__p__ñone__

6 u__a ens__l__d__* __e __oma__e*

7 sop__ d__ __escad__

8 u__ __l__n de post__e

3 Decide si estas oraciones son verdaderas (V) o falsas (F).

1 La cuenta se pide antes de irse de un restaurante. ☐

2 La naranjada es una fruta española. ☐

3 Las patatas bravas es un plato de pescado y vegetales. ☐

4 Los calamares es un postre muy bueno. ☐

5 El camarero toma nota de lo que pide la gente. ☐

6 Las tapas son más pequeñas que las raciones. ☐

2.4 Eating out (2)

Despegue

1 Descubre las palabras secretas. Observa que las letras que se usan corresponden a una serie de números. Utiliza la clave para descifrar las palabras; atención porque además tienes que rellenar algunos espacios y tendrás que añadir los acentos ortográficos que faltan.

A	B	C	D	E	G	H	I	J	L	M	N	O	P	R	S	T	U	V
1	2	3	4	5	7	8	9	10	12	13	14	15	16	18	19	20	21	22

1 9, 14, —, 18, 5, 4, 9, 5, 14, 20, 5, 19

....

2 13, 5, —, 15, 14

....

3 16, 9, —, 9, 5, 14, 20, 15

....

4 —, 1, 2, 15, 18

....

5 3, —, 14, 1

....

6 5, 14, 19, 5, 7, —, 9, 4, 1

....

7 13, 1, 18, 9, 19, —, 15

....

8 18, 5, 19, —, 1, 21, 18, 1, 14, 20, 5

....

2 Usa un color diferente para marcar la palabra que no cuadra.

1 pescado	alergia	sopa	patatas
2 pastel	verduras	cuenta	arroz
3 chocolate	agua	café	naranjada
4 helado	flan	fruta	paella
5 jarra	mejillones	gambas	marisco
6 melón	fresas	pera	cebolla
7 zumo	típico	vino	agua
8 camarero	patatas fritas	fajitas	hamburguesa

3 Detective lingüístico. Resuelve las pistas.

   1 Plato español típico de arroz y pescado o carne. ....

   2 Un postre, dulce y de color negro. Tarta de ....

   3 Bebida alcohólica, elaborado con zumo de uvas. ....

   4 Postre muy, muy frío; de varios sabores. ....

   5 Persona que sirve la comida en un restaurante. ....

   6 Las gambas y los mejillones son ejemplos de este grupo de alimentos. ....

   7 Similar a "tener hambre" pero cuando necesitas una bebida. ....

   8 Papel con los nombres de los platos que se sirven en un restaurante. ....

2.4 Eating out (3)

vuelo

1 En estas palabras han desaparecido tres vocales en concreto: la "a", la "o" y la "i". Búscalas y rellena los espacios.

   1 l_ c_rt_   **5** t_rt_ll_

   2 el c_c_ner_   **6** s_bres_l_ente

   3 c_l_d_d   **7** v_r_ _d_

   4 m_r_v_ll_s_   **8** el l_c_l

2 ¡Estas frases no tienen sentido! Cambia el orden de las palabras para resolverlas. La primera palabra ya la tienes.

   1 cenar me restaurante más en un sofisticado que parece hamburguesas interesante comer

     Me ....

     ....

   2 clásico elegante restaurante es y pero mi caro favorito

     Mi ....

     ....

   3 nada pedir rápida gusta volvería comida no no me a porque

     No ....

     ....

....

4 ir desayunar que prefiero a cafetería en la casa

Prefiero ....

....

5 sur tapas España tienen las mucha fama de del

Las ....

....

6 preparan buenísima de asado carne Buenos Aires una es la el – especialidad

La ....

....

3 Cazasustantivos. Escribe los sustantivos en el lugar correcto. ¡Atención! Cada vez hay una palabra que no necesitas.

1 Este nuevo .... tiene su .... en la .... regional.

restaurante   *tortilla*   *especialidad*   *comida*

2 Las .... que se sirven son muy variadas y el .... del

.... me parece excepcional.

cocinero   *calidad*   *trabajo*   *raciones*

3 Las .... del .... resultan pequeños pero el

.... es exquisito.

estilo   *comedor*   *oferta*   *porciones*

4 Cuando finalmente llegó la .... que pedí, la .... tenían un

.... cansado.

arroz   *aspecto*   *ensalada*   *comida*

5 La .... es interesante porque solo hay .... vegetarianos.

Sin embargo, las .... veganas son deliciosas.

platos   *menú*   *carta*   *tartas*

6 El mejor .... fue una nueva .... de .... que me encantó.

estilo   *postre*   *fruta*   *combinación*

2.5 Special occasions (1)

Embarque

1 Usa un color diferente para marcar la palabra que no cuadra.

1	emocionante	increíble	fabuloso	desastre
2	baile	procesiones	problema	fuegos artificiales
3	año	celebración	fiesta	festival
4	contento	negativo	interesado	positivo
5	familia	cabalgata	desfile	concierto
6	celebrar	criticar	participar	divertirse
7	música	teatro	reyes	cine
8	castillo	Diwali	Carnaval	Fallas

2 Cazasustantivos. Escribe los sustantivos en el lugar correcto. ¡Atención! Cada vez hay una palabra que no necesitas.

1 Este .... los .... artificiales son la gran

....

tradición   *atracción*   *fuegos*   *año*

2 Durante las .... los .... musicales se organizan en el

.... principal.

teatro   *conciertos*   *fiestas*   *cabalgata*

3 Este .... la .... cambia y no hay .... folklóricos.

bailes   *celebraciones*   *tradición*   *verano*

4 La .... actualmente es importante y llegan muchos .... para

ver las ....

turistas   *procesiones*   *desfiles*   *participación*

5 Todos participamos siempre en los .... y nos gustan las .... y

los bailes de ....

disfraces   *cabalgatas*   *festivales*   *desfile*

6 Las .... que prefieren los .... son los .... de
arena y todo lo que es musical.

conciertos   *castillos*   *niños*   *actividades*

3 Empareja los adjetivos con los sustantivos. Se ha hecho el primero como ejemplo.

Sustantivos	Adjetivos
1 procesiones ....E....	**A** artificiales
2 fuegos	**B** mayor
3 bailes	**C** musical
4 opiniones	**D** folklóricos
5 concierto	**E** *religiosas*
6 fiesta	**F** negativas

2.5 Special occasions (2)

Despegue

1 ¡Estas frases no tienen sentido! Cambia el orden de las palabras para resolverlas. La primera palabra ya la tienes.

   1 una elegante comida queremos todos restaurante un en organizar

     Todos ....

   2 es la mejor semana hasta que celebración creo el dejar de fin

     Creo ....

   3 una casa sugieren su mis en barbacoa amigos

     Mis ....

   4 la los de de casa posibilidad cumpleaños fuera celebrar menciona se

     Se ....

   5 que es opinión de 12 suficientes mi botellas serán bebida

     Mi ....

   6 cine quedar después ir con amigos y apetece me los al

     Me ....

2 ¡Socorro! Escribe las vocales que faltan. Una pista: el símbolo * significa que las letras que faltan son las mismas.

   1 H__y que org__niz__r* l__ b__rb__co__* p__r__* h__y.

   2 L__ __nv__tac__ón* es p__r__* el f__n d__ sem__n__*.

   3 C__nv__en__ __r __l s__perm__rc__d__ __sta t__rd__ .

   4 L__ fi__st__ d__ d__sfr__c__s __s m__ñ__n__*.

5 __st__ t__rd__ l__ c__lebr__ci__n __s a l__s s__is.

6 Y__ pr__fi__ro* __na c__mid__ al __ir__ l__bre.

3 Rellena los huecos para resolver las oraciones.

1 Es una .... idea ir al .... esta .... para

.... las bebidas.

comprar   *tarde*   *buena*   *supermercado*

2 Si invitamos a la .... a una barbacoa en .... , siempre

.... entrar si ....

llueve   *casa*   *gente*   *podemos*

3 El .... por la .... yo puedo .... la comida

pero ¿cuántos vegetarianos .... ?

somos   *organizar*   *tarde*   *sábado*

4 Para pasarlo .... tenemos .... preparar una

.... y .... la música.

seleccionar   *que*   *barbacoa*   *bien*

5 Las .... van a salir .... tarde y todo el ....

puede .... para el fin de semana.

contestar   *esta*   *invitaciones*   *mundo*

6 La .... más conveniente es a .... de este mes, pero a lo

mejor el .... por la .... es difícil para ti.

sábado   *finales*   *tarde*   *fecha*

7 No sé qué .... puedo .... para esta fiesta de

.... Lo tengo que ....

pensar   *llevar*   *disfraces*   *ropa*

8 .... organizamos la fiesta al aire .... , a lo mejor

.... Necesitamos un .... B.

plan   *llueve*   *libre*   *si*

2.5 Special occasions (3)

Vuelo

1 Resuelve los anagramas.

   1 risitas ....

   2 adentra ....

   3 tediosa ....

   4 ovillaramos ....

   5 cócinera ....

   6 aspersor ....

2 Empareja las palabras en español (números) con su versión en inglés (letras). ¡Atención! No necesitas todas las palabras en inglés. Se ha hecho el primero como ejemplo.

   1 pasarlo bomba ....C....

   2 el/la aficionado/a ....

   3 conocido/a ....

   4 disfrutar ....

   5 el encuentro ....

   6 el espectáculo ....

   7 la entrada ....

   8 gente mayor ....

   A spectacle, event

   B disadvantage

   C *to have a good time*

   D meeting

   E old people

   F to enjoy

   G to take part

   H well-known

   I supporter

   J ticket

3 Detective lingüístico. Resuelve las pistas y sinónimos.

   1 gente de otros países ....

   2 aldea, lugar de pocas casas ....

   3 embotellamiento ....

   4 resolver ....

   5 lucha ....

   6 lesionarse ....

   7 semilla en el interior de fruta como frambuesas, tomates ....

   8 totalmente mojado ....

2.6 Going on holiday (1)

Embarque

1 Los espacios faltan. Separa las palabras y escríbelas de forma correcta.

1 Iraunparquetemáticoesmuydivertido.

....

2 Quierodisfrutardeunclimaagradableparasalirenbici.

....

3 Prefieropasarmisvacacioneslejosdelaplaya.

....

4 Lasmontañassonmaravillosasymeencantasalirdeexcursión.

....

5 Lasreservasmarinasdelsursonidealesparabucear.

....

6 Esunplaceriralacapitalparaverlosmuseosylasgaleríasdearte.

....

7 Megustaviajarconlosamigosporquelopasamosbomba.

....

8 Paramílasvacacionestienenquesersiemprediferentes.

....

2 ¡Estas frases no tienen sentido! Cambia el orden de las palabras para resolverlas. La primera palabra ya la tienes.

1 amigos mí nuevo país es ideal con un descubrir para

Descubrir ....

2 porque puedo me solo mi decidir viajar gusta destino

Me ....

3 y cada los extremos los fascinan verano me practico deportes

Los ....

4 que que deporte es el mucho cultura más parece la me interesante

Me ....

5 que viajes dinero bastante creo gasto en

Creo ....

6 es que conocido un cosas lugar emocionante nuevas más ir descubrir a

Es ....

3 Empareja las expresiones con los adjetivos. Se ha hecho el primero como ejemplo.

Expresiones		Adjetivos	
1 deportes extremos	....F.....	**A**	fría
2 playas solitarias	....	**B**	perfecta
3 un día sin hacer nada	....	**C**	aburrido
4 escalada en invierno	....	**D**	histórica
5 un paseo en el bosque	....	**E**	relajantes
6 una isla tropical	....	**F**	*emocionantes*
7 desiertos a pleno sol	....	**G**	calurosos
8 una capital antigua	....	**H**	tranquilo

2.6 Going on holiday (2)

Despegue

1 Descubre las palabras secretas. Observa que las letras que se usan corresponden a una serie de números. Utiliza la clave para descifrar las palabras; atención porque además tienes que rellenar algunos espacios y tendrás que añadir los acentos ortográficos que faltan.

A	B	C	D	E	G	H	I	J	L	M	N	O	P	R	S	T	U	V	X
1	2	3	4	5	7	8	9	10	12	13	14	15	16	18	19	20	21	22	23

1 12, 1   1, 7, 5, 14, ___, 9, 1   4, 5   ___, 9 , 1, 10, 5, 19

....

2 12, 15, 19   4, 5, ___, 15, 18, 20, 5, 19   5, ___, 20, 18, 5, 13, 15, 19

....

3 20, 21, 18, 9, 19, ___, 15   18, ___, 18, 1, 12

....

4 9, 18   4, 5   5, 23, ___, 21, 18, 19, 9, 15, 14

....

5 4, 5, 19, 3, 21, __, 18, 9, 18   19, 9, 20, __, 15, 19   14, 21, 5, 22, 15, 19

6 21, 14, 1   7, 18, 1, 14   1, __, 5, 14, 20, 21, 18, 1

2 Usa un color diferente para marcar la palabra que no cuadra.

1 ir de excursión	viajar	probar un crucero	playas
2 equitación	natación	extranjero	bucear
3 increíble	horrible	maravilloso	estupendo
4 aventura	mes	quince días	fin de semana
5 oferta	precio	caro	ropa apropiada
6 montañas	actividades	costa	zonas rurales

3 Rellena los huecos para resolver las oraciones escogiendo dos de las tres palabras a continuación.

1 Cuando voy de .... lo .... es ir con los amigos.

mejor   *aventura*   *vacaciones*

2 Hace un año .... varios .... que me encantaron.

actividades   *deportes*   *probamos*

3 La idea es ir a .... pues es ....

diferente   *bucear*   *ropa de invierno*

4 Quiero practicar la .... porque es .... y nuevo.

descubrir   *vela*   *emocionante*

5 Tengo .... de ir al .... este año porque la idea es muy atractiva.

planeando   *extranjero*   *ganas*

6 Empezamos las vacaciones hoy mismo y ya tengo ganas de .... a la

....

experiencia   *playa*   *llegar*

2.6 Going on holiday (3)

Vuelo

1 En los espacios faltan consonantes pero ¡hay una pista! Fíjate en los sinónimos para resolver el problema.

    1 a__que__o__o (sinónimo "horrible")

    2 a__oja__ __e (sinónimo "hospedarse")

    3 o__e__ta (sinónimo "propuesta")

    4 es__ar __ar__o (sinónimo "tener más que suficiente", "estar exasperado")

    5 __e__ __a__a (sinónimo "punto a favour")

    6 __u__si__ __ o (sinónimo "taller de aprendizaje")

2 Decide si estas oraciones son verdaderas (V) o falsas (F).

    1 El yoga es útil para relajarse.

    2 Si practicas deportes extremos no es importante estar preparado.

    3 Si sueñas con unas vacaciones diferentes, ir al destino de siempre sería una equivocación.

    4 Solo vuelves al mismo destino del año pasado si estás contento con la oferta.

    5 Trabajar como voluntario es solo para los que se aburren durante el verano.

    6 Un taller de música para músicos avanzados es apto para todos.

3 ¡Estas frases no tienen sentido! Cambia el orden de las palabras para resolverlas. La primera palabra ya la tienes.

    1 prepararemos a me un un taller juntos concierto apuntaré y

    Me ....

    2 idea para una mismo buena vacaciones las es al siempre volver lugar

    Es ....

    3 en Europa me mucha hace viajar tren por ilusión

    Me ....

    4 los para que destino quieren Mallorca el hacer perfecto es ciclismo

    Mallorca ....

    5 e acompañaré yo amiga a iremos montañas las una agosto a en escalar a

    En ....

    6 de destino de difícil siempre es al cambiar hartos pero estamos ir

    Estamos ....

2.7 Family and friends abroad (1)

Embarque

1 Resuelve los anagramas.

1 daimio ....

2 renaciste ....

3 entramare ....

4 enliga ....

5 cómodino ....

6 camioneras ....

2 ¡Estas frases no tienen sentido! Cambia el orden de las palabras para resolverlas. La primera palabra ya la tienes.

1 países extranjeros varios conozco

Conozco ....

2 que otro compañeros tengo idioma hablan

Tengo ....

3 viven el tíos a a que en voy ver extranjero mis

Voy ....

4 gusta las me a durante vacaciones amigos visitar

Durante ....

5 no en tan que la otro país es creo distinta vida

Creo ....

6 lejos nuestra miembros viven de que hay familia

Hay ....

3 Empareja los sustantivos con los adjetivos. Se ha hecho el primero como ejemplo.

1 España   ....H....

2 Inglaterra   ....

3 Estados Unidos ....

4 Francia   ....

5 China   ....

6 Canadá   ....

7 Australia   ....

8 Austria   ....

A chino

B canadiense

C australiano

D austriaco

E inglesas

F estadounidense

G francés

H *españoles*

2.7 Family and friends abroad (2)

Despegue

1 Empareja las palabras en español (números) con su versión en inglés (letras). ¡Atención!
No necesitas todas las palabras en inglés. Se ha hecho el primero como ejemplo.

1 alojamiento ....I....

2 papeles ....

3 el apellido ....

4 dirección ....

5 marcharse ....

6 preocupado ....

7 intentar ....

8 lástima ....

A worried

B to leave

C to make contact

D documents

E to try

F the past

G shame

H address

I *accommodation*

J surname

2 Usa un color diferente para marcar la palabra que no cuadra.

1 documentos	visado	pasaporte	idioma
2 descansar	salir al cine	trabajar	hacer una barbacoa
3 mañana	tres días	por la tarde	fin de semana
4 televisión	carta	teléfono	mensaje
5 aprender	marcharse	informarse	saber más
6 abuelos	hijos	primos	conocidos

3 Cazasustantivos. Escribe los sustantivos en el lugar correcto. ¡Atención! Cada vez hay una palabra que no necesitas.

1 Necesito .... sobre los .... directos de su

.... a los Estados Unidos.

vuelos   *compañía*   *información*   *viajes*

2 Si me da su .... y me confirma la ...., mi ....
le contacta.

dinero   *jefe*   *apellido*   *dirección*

3 ¡Qué ....! No tengo mi .... aquí y viajar con otro

.... es imposible.

lástima   *documento*   *vuelo*   *pasaporte*

4 Este .... vamos a pasar una ...., en vuestra

.... : tengo ganas de veros.

ilusión   *fin de semana*   *casa*   *noche*

5 Este .... voy a visitar a mi .... que tiene un

.... en Alemania.

apartamento   *amiga*   *verano*   *noche*

6 La última .... que visité, fuimos al .... principal y comimos en

un .... elegante.

restaurante   *teatro*   *piscina*   *vez*

2.7 Family and friends abroad (3)

vuelo

1 ¡Estas frases no tienen sentido! Cambia el orden de las palabras para resolverlas. La primera palabra ya la tienes.

1 recientemente para visita planes cambiaron la los

Los ....

2 mundo todo que mis entiende primos inglés el el dicen

Mis ....

3 se hablando gusto el encuentran español ellos muy a

Ellos ....

4 ver visita capital planean centro durante la el de la

Durante ....

5 vosotros con ver Holanda primos viven iré que en a a mis

Iré ....

6 pero tráfico llegar principio pensamos viernes al el del depende

Al ....

2 ¡Socorro! Escribe las vocales que faltan.

1 __y__nt__mi__nto

2 c__st__mbr__

3 __migr__r

4 __sper__r

5 r__g__l__

6 __f__ __ras

3 Empareja las palabras en español (números) con su versión en inglés (letras). ¡Atención! No necesitas todas las palabras en inglés. Se ha hecho el primero como ejemplo.

1 cuando llegue ....H....

2 en cuanto pueda ....

3 en las afueras ....

4 acabo de llegar ....

5 en realidad ....

6 me hace ilusión ....

A as soon as I can

B on the outskirts

C I'm excited about it

D maybe I'll wait

E in fact

F I've just arrived

G once I have left

H *when I arrive*

3.1 Home town and geographical surroundings (1)

Embarque

1 Estas palabras están desordenadas: tres están escritas al revés y tres tienen todas las letras confundidas. Resuélvelas.

1 otneimatnuya

....

2 tolshaip

....

3 ovitropedilop

....

4 daunviresdi

....

5 sesubotua ed nóicatse

....

6 dermaoc

....

2 Caminito. Empezando por la letra que está arriba del todo a la izquierda, sigue el caminito de las letras que forman palabras asociadas con el tema. ¡Atención! Es posible seguir el caminito en todas las direcciones menos en diagonal. Si quieres, usa un color diferente para las palabras que encuentres – hay ocho en total. La primera palabra ya la tienes marcada.

A	N	T	I	E	N	T	R	E	R	Í	T	E	R	O
Y	U	A	M	E	T	O	B	E	M	A	O	A	T	S
H	L	A	R	D	A	C	I	R	D	O	E	S	Í	R
O	S	P	I	T	A	L	L	C	A	S	M	U	O	S

3 Descubre las palabras secretas. Observa que las letras que se usan corresponden a una serie de números. Utiliza la clave para descifrar las palabras; atención porque además tienes que rellenar algunos espacios y tendrás que añadir los acentos ortográficos que faltan.

A	B	C	D	E	G	H	I	J	L	M	N	O	P	R	S	T	U	V	Y
1	2	3	4	5	7	8	9	10	12	13	14	15	16	18	19	20	21	22	23

1 12, 1   3, 1, __, 5, 4, 18, 1, 12   5, 19, 20, 1   __, 5, 18, 3, 1

....

....

2 5, 12   __, 9, 14, 5   5, 19, 20, 1   1, 12   __, 1, 4, 15   4, 5   13, 9   3, 1, 19, 1

....

....

3 4, 5, __, 18, 1, 19   4, 5, 12   __, 21, 19, 5, 15   5, 19, 20, 1   12, 1
3, 15, 13, 9, 19, 1, 18, 9, 1

....

....

4 22, 9, 22, 15   5, 14, __, 18, 5   5, 12   19, 21, 16, 5, 18   23   12, 1   9, __, 12, 5, 19, 9, 1

....

....

5 12, 1   21, __, 9, 22, 5, 18, 19, 9, 4, 1, 4   5, 19, 20, 1   10, 21, __, 20, 15   1, 12,
18, 9, 15

....

....

6 5, 12   3, 15, __, 5, 7, 9, 15   23   5, 12   9, __, 19, 20, 9, 20, 21, 20, 15   5, 19, 20, 1, 14
12, 5, 10, 15, 19

....

....

3.1 Home town and geographical surroundings (2)

Despegue

1 Los espacios faltan. Separa las palabras y escríbelas de forma correcta.

1 Hoynoshemoslevantadotarde.

....

2 Mehagustadoverlaciudad.

....

3 Hallegadoelverano.

....

4 Meheencontradoconmisamigos.

....

5 Siemprehevividoaquí.

....

6 Hemosestudiadoenelmismoinstituto.

....

2 Usa un color diferente para marcar la palabra que no cuadra.

1 entretenido	aburrido	aislado	ruidoso
2 caro	barato	rico	enorme
3 castillo	basura	iglesia	ayuntamiento
4 parque	barrio	montañas	plaza
5 tráfico	campo	coches	polución
6 feo	antiguo	tradicional	viejo

3 Empareja las palabras en español (números) con su versión en inglés (letras). ¡Atención! No necesitas todas las palabras en inglés. Se ha hecho el primero como ejemplo.

1 el lugar ....E....

2 la contaminación ....

3 la basura ....

4 divertido ....

5 pintoresco ....

6 sucio ....

A fun

B dirty

C rich

D rubbish

E *place*

F pollution

G surroundings

H picturesque

3.1 Home town and geographical surroundings (3)

vuelo

1 Resuelve los anagramas.

1 duermas ....

2 pirrarse ....

3 alquitran ....

4 rotaba ....

5 caparra ....

6 onza ....

7 suciedad ....

8 copiases ....

2 ¡Faltan los sustantivos en todo el párrafo! Rellena los ocho huecos, pero ¡atención! porque hay más palabras que huecos.

La .... de vivir en un .... es que es divertido invitar a los

.... y cuando estás cansado de un .... , puedes navegar

a otro. La .... es que no tienes la .... de cultivar un

.... , pero tengo varias ....

demasiado	puerto	conexión	posibilidad	amigos
macetas	ventaja	desventaja	barco	jardín

3 Decide si estas oraciones son verdaderas (V) o falsas (F).

1 Si te gusta montar a caballo, mejor vivir en el campo. ☐

2 Las grandes ciudades suelen ser menos ruidosas que los pueblos pequeños. ☐

3 Lo bueno de la capital es que hay una reducida oferta cultural. ☐

4 En un pueblo aislado siempre hay discotecas y museos. ☐

5 La contaminación se nota más en una ciudad grande. ☐

6 El inconveniente de vivir lejos de la capital es el transporte. ☐

3.2 Shopping (1)

Embarque

1 Los espacios faltan. Separa las palabras y escríbelas de forma correcta.

1 Enestatiendavendenperiódicos.

....

2 Voyacorreosaenviardoscartas.

....

3 Aquellasrosasvienendelafloristeríadelaplaza.

....

4 Meencantanlasbotasdeestazapatería.

....

5 Voyalafarmaciaporquenecesitoaspirinas.

....

6 Enelquioscovendenlarevistaquequiero.

....

2 Los números están escritos con letras: ¿a qué cifras corresponden?

1 ciento veinte ....

2 mil cuatrocientos diez ....

3 noventa y ocho ....

4 quinientos treinta ....

5 doscientos cincuenta ....

6 ciento sesenta y siete ....

7 novecientos dieciséis ....

8 dos mil setenta ....

3 Hay cuatro comercios en la primera lista. De la segunda lista, dos artículos se venden en cada comercio. Escribe el número (del comercio) para indicar dónde se vende el producto.

1 juguetería

2 zapatería

3 joyería

4 farmacia

5 papelería

zapatillas ....

aspirinas ....

botas ....

cuadernos ....

anillos ....

excavadora ....

gomas ....

collares ....

muñecas ....

tiritas ....

3.2 Shopping (2)

Despegue

1 Resuelve los anagramas.

1 jarabes ....

2 vestira ....

3 frase ....

4 cerrandome ....

5 golear ....

6 rozar ....

7 recoges ....

8 vendre ....

2 Cómo se escriben estas cifras en letras?

1 200 g ....

2 $80 ....

3 45 € ....

4 £72 ....

5 ½ ....

6 ¾ kg ....

3 Usa un color diferente para marcar la palabra que no cuadra.

1 kilo	gramos	docena	dólares
2 piel	plástico	precio	plata
3 huevos	mitad	leche	zanahorias
4 redondo	oro	enorme	mediano
5 pasteles	carne	tartas	fresas
6 cuadrado	triangular	minúsculo	cristal

3.2 Shopping (3)

vuelo

1 Fíjate en la primera palabra de cada número (subrayada). Usa un color diferente para marcar la palabra que no cuadra con esta palabra.

1	<u>talla:</u>	grande	mediana	pequeña	favorita
2	<u>camisa:</u>	a rayas	de algodón	de plástico	negra
3	<u>pantalón:</u>	ancho	largo	dependienta	corto
4	<u>bañador:</u>	de moda	vacío	deportivo	perfecto
5	<u>cinturón:</u>	de piel	de cuero	de sol	de tela
6	<u>calcetines:</u>	urgentes	blancos	nuevos	largos

2 Rellena los huecos para resolver las oraciones escogiendo tres de las cuatro palabras a continuación.

1 He visto un .... y unos .... de .... muy bonitos que me encantan.

pendientes   *plata*   *cartera*   *anillo*

2 Aquí hay una .... de .... o si no unos .... muy elegantes.

cuero   *cinturones*   *cartera*   *maletas*

3 Podemos sacar .... de los posibles .... antes del

.... de su cumpleaños.

recibo   *día*   *regalos*   *fotos*

4 La .... de la .... nos ayudó a escoger la ....
que habíamos visto.

camiseta   *tienda*   *dependienta*   *recuerdos*

5 El .... que tengo es que necesito cambiar el .... porque tiene

un ....

talla   *agujero*   *bañador*   *problema*

6 Compré un .... el otro .... pero ya se ha caído un

....

día   *algodón*   *impermeable*   *botón*

3 Detective lingüístico. Resuelve las pistas.

1 Si no quieres pagar en efectivo, puedes usar ....

2 Nombre de la persona que te atiende en una tienda. ....

3 Lo que tienes que hacer para cambiar un artículo si notas un defecto al poco tiempo de

haberlo comprador. ....

4 Lo que haces en una tienda de ropa para ver si te gusta un artículo. ....

5 Contrario de "minúsculo". ....

6 Haz una lista de seis materiales que se podrían usar en una joyería. ....

....

3.3 Public services (1)

Embarque

1 Los espacios faltan. Separa las palabras y escríbelas de forma correcta.

1 Voyaabrirunacuentaenelbanco.

....

2 Elcajeroautomáticoesnecesarioylotengocerca.

....

3 UsolatarjetadecréditocuandohagocomprasenInternet.

....

4 Parasacardineroenefectivounbancovirtualnoesmuyútil.

....

5 Tengounacuentacorrienteyesmuyfáciltransferirdinero.

....

6 Casisiemprehagogestionesenmibancodeformavirtual.

....

7 Nousobilletesyengeneraltampocomonedas.

....

8 Hayuncajeroautomáticodelantedelbanco.

....

2 Estas palabras están desordenadas: cuatro están escritas al revés y tres tienen todas las letras confundidas. Resuélvelas.

1 libelte ....

4 rrraoha ....

2 orenid racas ....

5 ocitámotua orejac ....

3 friamr ....

6 allinatnev ....

3 Usa un color diferente para marcar la palabra que no cuadra.

1 tamaño	dinero	billete	moneda
2 ventanilla	talla	cajero automático	caja fuerte
3 dólares	libras	débito	euros
4 crédito	cuenta corriente	cambiar dinero	bolsillo
5 disculparse	firmar documentos	hacer gestiones	sacar dinero
6 contraseña	gastos	número secreto	clave

3.3 Public services (2)

Despegue

1 Resuelve los anagramas. (El penúltimo consta de dos palabras.)

1 agraven ....

4 ellos ....

2 vieran ....

5 acecharlo ....

3 urdio ....

6 etnologíca ....

2 Empareja las palabras en español (números) con su versión en inglés (letras). ¡Atención! No necesitas todas las palabras en inglés. Se ha hecho el primero como ejemplo.

1 cobertura ....J......

A post office

F internet addict

2 ordenador ....

B letter box

G password

3 el buzón ....

C telephone directory

H envelope

4 el sobre ....

D surf the web

I computer

5 la guía telefónica ....

E telephone box

J *signal*

6 la contraseña ....

7 la cabina telefónica ....

8 la oficina de Correos ....

3 Descubre las palabras secretas. Observa que las letras que se usan corresponden a una serie de números. Utiliza la clave para descifrar las palabras; atención porque además tienes que rellenar algunos espacios y tendrás que añadir los acentos ortográficos que faltan.

A	B	C	D	E	F	G	H	I	J	L	M	N	O	P	R	S	T	U	V	Y
1	2	3	4	5	6	7	8	9	10	12	13	14	15	16	18	19	20	21	22	23

1 5, 19   1, 4, 9, __, 20, 15   1   9, 14, __, 5, 18, 14, 5, 20

....

2 16, 18, 5, 6, 9, 5, 18, 15   21, 19, 1, 18   5, 12   __, 15, 22, 9, 12

....

3 12, 1   15, 6, 9, __, 9, 14, 1   4, 5   3, 15, 18, 18, __, 15, 19   5, 19, 20, 1   12, 5, 10, 15, 19

....

4 19, 9   14, 15   13, 5,   1, __, 9, 5, 14, 4, 5, 14   23, 15   __, 21, 5, 12, 7, 15

....

5 14, 15   5, 19, 3, 18, 9, __, 15   3, 1, 18, 20, 1, 19   3, 15, 14   16, __, 21, 13, 1

....

6 5, 19, 20, 1, 13, 15, 19   3, 15, 13, __, 14, 9, 3, 1, 4, 15, 19   19, 9, __, 13, 16, 18, 5

....

3.3 Public services (3)

vuelo

1 Empareja las palabras en español (números) con su versión en inglés (letras). ¡Atención! No necesitas todas las palabras en inglés. Se ha hecho el primero como ejemplo.

1 agradecer	....J.....	**A** to alert		**F** to hand in		
2 aliviado	....	**B** to solve		**G** to recover		
3 devolver	....	**C** to suspect		**H** in despair		
4 el domicilio	....	**D** home address		**I** relieved		
5 sospechar	....	**E** to return		**J** *to thank*		
6 avisar	....					
7 recuperar	....					
8 entregar	....					

2 ¡Faltan los sustantivos en todo el párrafo! Rellena los huecos, pero ¡atención! porque hay más palabras que huecos.

Cuando perdí mi .... con todas las .... pensé que sería

inútil ir a la .... Ya desconfiaba en la .... y como además

había .... creí que no habría .... Sin embargo una

.... honesta lo había entregado todo. ¡No me lo podía creer! No faltaba ni un

.... , pero no voy a poder darle las .... porque no dejó el

....

euro	billetes	teléfono	gracias	solución	persona
recompense	nombre	cartera	gente	tarjetas	comisaría

3 Detective lingüístico. Resuelve las pistas.

1 Un objeto que cuesta mucho es un objeto de ....

2 Sinónimo de "documentos". ....

3 Contrario de "desesperado". ....

4 Sinónimo de "enviar". ....

5 Dos emociones que uno siente si pierde un objeto importante. ....

....

6 Verbo que se usa para decir cómo es el objeto que se ha perdido. ....

....

7 Emoción que uno siente si recupera un importante objeto perdido. ....

8 Verbo que significa "dar las gracias". ....

3.4 Natural environment (1)

Embarque

1 Los espacios faltan. Separa las palabras y escríbelas de forma correcta.

1 Tomounaduchaenlugardeunbaño.

....

2 Reciclolaslatasusadasdecomida.

....

3 Apagolaslucescuandonolasuso.

....

4 Reciclolasbotellasdevidrio.

....

5 Separolabasuracadasemana.

....

6 Sipuedocomproproductosorgánicos.

....

2 Usa un color diferente para marcar la palabra que no cuadra.

1 reciclo vidrio	apago luces	separo las pilas	compro de todo
2 ecologista	consumista	activista	protestadora
3 vidrio	latas	euros	plástico
4 contaminar	conservar	cuidar	proteger
5 dañar	reciclar	malgastar	descuidar
6 medio ambiente	naturaleza	industria	selva tropical

3 Descubre las palabras secretas. Observa que las letras que se usan corresponden a una serie de números. Utiliza la clave para descifrar las palabras; atención porque además tienes que rellenar algunos espacios y tendrás que añadir los acentos ortográficos que faltan.

A	B	C	D	E	G	H	I	J	L	M	N	O	P	Q	R	S	T	U	V	Y	Z
1	2	3	4	5	7	8	9	10	12	13	14	15	16	17	18	19	20	21	22	23	24

1 8, 1, 23   17, 21, 5   16, 18, __, 20, 5, 7, 5, 18   12, 1   14, 1, __, 21, 18, 1, 12, 5, 24, 1

....

2 7, 1, 19, 20, 15   4, 9, 14, 5, 18, 15   5, 14   16, __, 15, 4, 21, 3, 20, 15, 19
15, 18, __, 1, 14, 9, 3, 15, 19

....

....

3 1, __, 1, 7, 15   12, 1   20, 5, 12, 5   19, 9   14, 15   12, 1   21, __, 15

....

4 5, 19   9, 13, 16, 15, 18, 20, 1, 14, 20, 5   __, 18, 15, 20, 5, 7, 5, 18   5, 12   __, 5, 4, 9, 15
1, 13, 2, 9, 5, 14, 20, 5

....

....

5 9, 14, __, 5, 14, 20, 15   14, 15   21, 19, 1, 18   5, 12   16, __, 1, 19, 20, 9, 3, 15

6 19, 15, 23 __, 9, 5, 13, 2, 18, 15   4, 5   21, 14   7, 18, 21, __, 15
5, 3, 15, 12, 15, 7, 9, 19, 20, 1

3.4 Natural environment (2)

Despegue

1 Resuelve los anagramas.

1 aliados ....

5 piromantica ....

2 conversar ....

6 obstino ....

3 llave ....

7 chetearás ....

4 pelicortas ....

8 gular ....

2 ¡Socorro! Escribe las vocales que faltan. Una pista: el símbolo * significa que las letras que faltan son las mismas.

1 __spaci__s

4 ext__nc__ón*

2 __sp__ci__s*

5 m__rism__s   y   pl__y__s*

3 v__s__ta*

6 d__vers__dad*

3 Rellena los huecos para resolver las oraciones escogiendo dos de las tres palabras a continuación.

1 Mi opinion .... que los parques .... únicos.

   son   *es*   *están*

2 Lo .... de la zona es que los animales .... protegidos.

   es   *están*   *bueno*

3 .... un lugar muy atractivo .... todas las especies.

   es   *para*   *está*

4 Contiene muchos animales .... peligro .... extinción.

   es   *de*   *en*

5 Los .... de .... ayudan mucho.

  típicos   *conservación*   *programas*

6 Vi los caballos de .... parque y .... toda una experiencia.

  fue   *este*   *está*

3.4 Natural environment (3)

vuelo

1 Detective lingüístico. Resuelve las pistas.

  1 Para luchar contra el cambio climático hay que usar más la energía ....

  2 Sinónimo de "gases" (que salen por el tubo de escape de un coche, por ejemplo).

  ....

  3 Colección de vehículos de dos y cuatro ruedas. ....

  4 Lugar donde dejas un coche en el centro. ....

  5 Tres tipos de coche que contaminan poco. ....

  6 Palabra que se refiere a la pérdida total de los bosques. ....

2 Crucigrama.

Horizontales

1 método de transporte que no contamina

3 emisión de una chimenea o vehículo

4 tipo de coche que usa dos formas de energía

5 sinónimo de ambiente

6 dióxido de carbono; símbolo

7 lo que hay en el Amazonas

Verticales

2 una consecuencia de la subida del nivel del agua del mar

5 De una república, un presidente. De una ciudad un ....

3.5 Weather (1)

Embarque

1 Los espacios faltan. Separa las palabras y escríbelas de forma correcta.

1 Hoyenelnortehacefrío.

....

2 Enelsuroestehaytormenta.

....

3 Hacemuchocalorestasemana.

....

4 Enelsurhacemuymaltiempo.

....

5 Estánubladoahoraperoelsolvaasalir.

....

6 Porlanochelastemperaturasbajan.

....

2 ¡Socorro! Escribe las vocales que faltan. Una pista: el símbolo * significa que las letras que faltan son las mismas.

1 suro__st__*

2 sur__st__*

3 d__sp__jado*

4 temper__tur__s* __lt__s*

5 h__ce v__ent__

6 v__int__* gr__d__s

7 ni__bL__ __nt__ns__

8 h__c__ s__l

3 Estas palabras están desordenadas: cuatro están escritas al revés y cuatro tienen todas las letras confundidas. Resuélvelas.

1 etseoron ....

2 gorzain ....

3 odalbun ....

4 odaedsjep ....

5 menrotta ....

6 revoll ....

7 gorda ....

8 avein ....

3.5 Weather (2)

Despegue

1 Rellena los huecos para resolver las oraciones escogiendo dos de las tres palabras a continuación.

1 En el norte del .... los .... son largos y fríos.

primaveras   *inviernos*   *país*

2 En la costa hace más .... que en el .... del país.

interior   *verano*   *viento*

3 Vivir cerca del mar me encanta porque el .... es tan ....

clima   *agradable*   *peligroso*

4 Me encanta cuando el cielo está .... y de un .... intenso.

despejado   *azul*   *blanco*

5 La .... máxima en esta zona es 30 ....

tormenta   *grados*   *temperatura*

6 Las .... que tenemos son tropicales y pueden ser ....

climáticas   *tormentas*   *peligrosas*

2 Usa un color diferente para marcar la palabra que no cuadra.

1 brisa	lluvia	precipitación	arena
2 débil	precioso	fuerte	moderado
3 altas	bajas	precipitadas	mínimas
4 frío	calor	sol	llueve
5 cubierto	granizo	nublado	despejado
6 nublado	despejado	calor	cubierto

3 Decide si estas oraciones son verdaderas (V) o falsas (F).

1 La nieve no se puede considerar como precipitación. ☐

2 El boletín metereológico es lo mismo que el pronóstico del tiempo. ☐

3 Si hace mucho calor la nieve es imposible. ☐

4 Si hay mínimas bajo cero es que hace mucho calor. ☐

5 En el hemisferio norte el invierno empieza en diciembre. ☐

6 En el hemisferio sur solo hay tres estaciones. ☐

7 Las tormentas tropicales y los huracanes no son peligrosos. ☐

8 Cuando hay tormentas de arena baja la visibilidad. ☐

3.5 Weather (3)

Vuelo

1 Resuelve los anagramas.

1 soñad ....

2 oraculos ....

3 fatal ....

4 anchurá ....

5 tensivo ....

6 editores ....

2 Caminito. Empezando por la letra que está arriba del todo a la izquierda, sigue el caminito de las letras que forman palabras asociadas con el tema. ¡Atención! Es posible seguir el caminito en todas las direcciones menos en diagonal. Si quieres, usa un color diferente para las palabras que encuentres – hay ocho en total.

C	O	S	I	E	O	A
A	R	O	S	R	T	M
L	U	L	E	D	A	E
V	U	L	Q	U	I	N
I	A	S	E	A	Z	A
S	I	S	O	C	L	I
T	E	M	C	E	A	M
A	I	A	C	O	N	S
S	C	N	E	U	C	E

3 Empareja las palabras en español (números) con su versión en inglés (letras). ¡Atención! No necesitas todas las palabras en inglés. Se ha hecho el primero como ejemplo.

1 desaparecer ....H....

2 peligro de extinción ....

3 medio ambiente ....

4 sequía ....

5 tormentas ....

6 contraste ....

7 afectar ....

8 el aire acondicionado ....

A reservoir

B contrast

C air conditioning

D climate change

E drought

F danger of dying out

G storms

H *to disappear*

I environment

J to impact

3.6 Finding the way (1)

Embarque

1 ¡Socorro! Escribe las vocales que faltan. Una pista: el símbolo * significa que las letras que faltan son las mismas.

1 __nfr__nt__*

2 d__r__cha*

3 __zqu__rda*

4 t__ __rz__

5 aqu__   m__smo*

6 t__d__*   r__ct__

7 f__n__lm__nt__

8 s__g__   por   __qu__

2 Usa un color diferente para marcar la palabra que no cuadra.

1 siga	tome	pase	derecha
2 recto	al lado	enfrente	cerca
3 pasa	tuerza	sigue	toma
4 el estadio	el instituto	la primera	el cine
5 primero	detrás	después	finalmente
6 la calle	la avenida	la carretera	la estación

3 Los espacios faltan. Separa las palabras y escríbelas de forma correcta.

1 Lacomisaríaestáenfrente.

....

2 Elestadioseencuentraalfinaldelacalle.

....

3 Parairalcinehayqueirtodorecto.

....

4 Cercadeaquíhaydosparques.

....

5 Tomelaprimeraalaizquierda.

....

6 Paselaestaciónytuerzaalaizquierda.

....

3.6 Finding the way (2)

Despegue

1 Estas palabras están desordenadas: tres están escritas al revés y tres tienen todas las letras confundidas. Resuélvelas.

1 razurc ....

4 odneimocer ....

2 ieudgs ....

5 eoiiifdc ....

3 damot ....

6 ooozccn ....

2 Sopa de letras. Busca las diez palabras de la lista.

Y	M	V	U	B	G	R	A	C	E	L	T	B	A	G
P	B	Z	K	R	S	V	A	P	U	Z	N	K	N	F
M	A	P	A	I	E	W	M	N	W	E	E	H	I	N
H	W	B	V	N	R	B	C	E	I	I	E	Q	U	J
Z	B	O	I	T	J	I	W	W	E	M	A	Q	Q	X
V	C	D	S	M	I	G	L	G	D	F	A	R	S	O
P	A	U	E	Y	D	E	V	I	U	W	E	C	E	O
V	P	T	M	M	J	Z	S	E	O	A	F	M	C	G
I	R	D	O	O	U	C	R	T	C	H	M	C	R	Y
O	U	X	S	L	G	A	D	H	L	G	I	J	L	T
U	K	B	V	Y	S	R	O	T	O	N	D	A	X	E
X	N	Z	R	O	O	F	D	Y	H	N	C	N	J	J
N	O	M	G	G	P	D	J	Z	L	O	O	N	Y	Z
C	O	N	T	I	N	U	A	R	L	U	G	A	R	N
Y	U	H	J	L	N	Q	C	D	W	N	V	E	L	A

AFUERAS
AVENIDA
CAMINAR
CONTINUAR
ESQUINA
LEJOS
LUGAR
MAPA
METRO
ROTONDA

3.6 Finding the way (3)

Vuelo

1 Decide si estas oraciones son verdaderas (V) o falsas (F).

1 Un paso de cebra es solo para animales.

2 En un parque infantil no pueden entrar las personas mayores.

3 Los semáforos controlan a los peatones y el tráfico.

4 Para acceder a un paso subterráneo hay que bajar.

5 Ir a pie es lo mismo que ir andando.

6 Si una calle es fotogénica significa que es una avenida principal.

2 Empareja las palabras en español (números) con su versión en inglés (letras). ¡Atención!
No necesitas todas las palabras en inglés. Se ha hecho el primero como ejemplo.

1	sitio de interés	....D....	**A**	safe	**F**	police station
2	tardar	....	**B**	lake	**G**	to take time
3	comisaría	....	**C**	pedestrian	**H**	to turn
4	lago	....	**D**	*place of interest*	**I**	to leave
5	seguro	....	**E**	crossroads	**J**	to wait
6	girar	....				
7	esperar	....				
8	partir	....				

3 ¡Faltan los sustantivos en todo el párrafo! Rellena los diez huecos, pero ¡atención! porque hay más palabras que huecos.

El .... para esta .... es la

.... en el .... del ....

Toma la primera .... que pone .... sur y gira a la

.... en la .... Después es muy fácil – solo hay que

pasar los .... y seguir todo recto.

esquina	**dirección**	**plaza**	**punto de partida**
final	**derecha**	**centro**	**pueblo**
semáforos	**ruta**	**ciudad**	**salida**

3.7 Travel and transport (1)

Embarque

1 Los espacios faltan. Separa las palabras y escríbelas de forma correcta.

1 Voyalcolegioenautobús.

....

2 Lostrenesenmiregiónsonmuybuenos.

....

3 Utilizoelmetrotodoslosdías.

....

4 Irenbicinocontamina.

....

5 Meencantaviajarenavión.

....

6 Avecesvoyandandoalcole.

....

2 Descubre las palabras secretas. Observa que las letras que se usan corresponden a una serie de números. Utiliza la clave para descifrar las palabras; atención porque además tienes que rellenar algunos espacios y tendrás que añadir los acentos ortográficos que faltan.

A	B	C	D	E	F	G	H	I	J	L	M	N	O	P	R	S	T	U	V	Y
1	2	3	4	5	6	7	8	9	10	12	13	14	15	16	18	19	20	21	22	23

1   16, 18, 5, 6, 9, 5, 18, 15   9, 18   1   __, 1, 19, 1   1   __, 9, 5

....

2   5, 14   13, 9   15, 16, 9, 14, 9, 15, 14   5, 12   __, 5, 20, 18, 15   5, 19   13, 5, ..., 15, 18

....

3   14, 15, 18, 13, 1, 12, 13, 5, 14, 20, 5   __, 15, 23   1, 14, 4, 1, 14, 4, 15

....

4   5, 12   20, 18, __, 14, 19, 16, 15, 18, 20, 5   __, 21, 2, 12, 9, 3, 15   5, 19   12, 5, 14, 20, 15

....

5   3, 21, 1, 14, 4, 15   22, 1, 13, 15, 19   4, 5   __, 1, 3, 1, 3, 9, 15, 14, 5, 19   22, 1, 13, 15, 19   5, 14   __, 15, 3, 8, 5

....

....

6   8, 1, 23   1, 21, __, 15, 2, 21, 19, 5, 19   3, 1, 4, 1   __, 5, 9, 14, 20, 5   13, 9, 14, 21, 20, 15, 19

....

....

3 ¡Estas frases no tienen sentido! Cambia el orden de las palabras para resolverlas. La primera palabra ya la tienes.

1 metro en puedo a playa la ir

Puedo ....

2 mi ciclistas buena ciudad los es para

Mi ....

3 ir a mi pues andando puedo instituto cerca está

Puedo ....

4 es llegar capital horas posible la en a dos

Es ....

5 en vías para pueblo tenemos ciclistas el especiales

En ....

6 si es mejor supermercado coche en vamos al ir

Si ....

3.7 Travel and transport (2)

Despegue

1 Estas palabras están desordenadas: cuatro están escritas al revés y cuatro tienen todas las letras confundidas. Resuélvelas.

1 rotcudnoc ....

2 darapa ....

3 oesap ....

4 áiocfrt ....

5 rajaiv ....

6 micaón ....

7 otnemunom ....

8 sisvta ....

2 Fíjate en estas tres categorías:

1 billetes

2 transporte público

3 llegar sin usar un motor

¿En cuál de las tres entran las palabras siguientes? Escribe el número que corresponde a la categoría detrás de cada palabra o expresión.

ida	andar	ir a pie	tren	tranvía
caro	vuelta	autobús	caminar	bici
metro	barato	pasear		

3 Empareja las palabras en español (números) con su versión en inglés (letras). ¡Atención!
   No necesitas todas las palabras en inglés. Se ha hecho el primero como ejemplo.

1	distancia	....J....	**A**	rush hour
2	montar en bici	....	**B**	to go for a stroll
3	dar un paseo	....	**C**	to drive
4	el permiso de conductor	....	**D**	driving licence
5	ecológico	....	**E**	bus stop
6	económico	....		
7	hora punta	....		
8	utilizar	....		

F environmentally friendly

G cheap

H to ride a bike

I to use

J *distance*

3.7 Travel and transport (3)

Vuelo

1 Resuelve los anagramas.

1 allegad ....

2 trifacial ....

3 rózan ....

4 grava ....

5 tramo ....

6 greco ....

7 oclusión ....

8 vieja ....

2 ¡Faltan los sustantivos en todo el párrafo! Rellena los diez huecos, pero ¡atención! porque hay más palabras que huecos.

Esta .... pasada ha sido muy difícil a causa de la ....

de .... público. El primer .... no había ninguna

.... de coger un .... así que llegamos al ....

en........................... . Después, con tantos........................... , decidimos ir andando pero el

.... era que tardamos mucho más en llegar.

problema	**bici**	**aparcamiento**	**semana**
ruta	**tren**	**instituto**	**transporte**
coches	**huelga**	**día**	**posibilidad**

3 Crucigrama.

Horizontales

4 sinónimo de "dificultad"

5 momento o lugar establecido para encontrarse con alguien

6 el concepto de llegar a tiempo

9 cambiar el trayecto por motivos inesperados

Verticales

1 sinónimo de "coger" un tren, por ejemplo

2 trasladarse de un lugar a otro

3 ofrecer, proveer

7 método de transporte que usa raíles pero no es ni tren ni metro

8 dejar de trabajar por un conflicto laboral produce esto

4.1 Spanish schools (1)

1 Resuelve los anagramas.

1 santiguara ....

2 testudinea ....

3 mesitas ....

4 patea ....

5 copiones ....

6 desnucaria ....

2 ¡Socorro! Escribe las vocales que faltan. Una pista: el símbolo * significa que las letras que faltan son las mismas.

1 __bligat__r__*

2 ed__c__ci__n

3 un__v__rs__dad

4 __l sist__ma __ducativo*

5 L__ngua __xtranj__ra*

6 estr__ct__ra*

7 d__r__ct__r

8 c__rrer__*

3 Rellena los huecos para resolver las oraciones escogiendo dos de las tres palabras a continuación.

1 Quiero .... en qué consiste el .... español.

sistema　　　　　　*entiendo*　　　　　　*saber*

2 La educación .... en España .... 8 años.

primaria　　　　　　*estudia*　　　　　　*dura*

3 Esta .... es obligatoria y ....

primaria　　　　　　*gratuita*　　　　　　*etapa*

4 En mi .... llevar .... es anticuado.

uniforme　　　　　　*clases*　　　　　　*opinión*

5 Creo que es .... seguir ....

estudiando　　　　　　*importante*　　　　　　*secundario*

6 Al terminar la .... secundaria, la idea es empezar en la ....

clase　　　　　　*universidad*　　　　　　*escuela*

4.1 Spanish schools (2)

Vuelo

1 Estas palabras están desordenadas: cuatro están escritas al revés y cuatro tienen todas las letras confundidas. Resuélvelas.

   1 serebed ....

   2 apiramir ....

   3 añosprecom ....

   4 sedadilaunam ....

   5 casarredo ....

   6 oditrevid ....

   7 seglar ....

   8 sodreucer ....

2 ¡Faltan los sustantivos en todo el párrafo! Rellena los diez huecos, pero ¡atención! porque hay más palabras que huecos.

En el .... recuerdo que me encantaba la .... del

.... Un .... me comí las .... de todas

las............................. de mi .... Me puse muy enferma y me levaron a

.... con un .... de .... horrible.

lentejas	comida	profesora	comedor
niñas	día	casa	colegio
escuela	mesa	estómago	dolor

3 Detective lingüístico. Resuelve las pistas.

   1 Etapa educativa posterior a la primaria. ....

   2 Clase en que, por ejemplo, se puede fabricar artículos de cartón, o coser.

      ....

   3 Sinónimo de tener memoria de algo. Verbo reflexivo. ....

   4 Relación breve de algún incidente curioso. ....

   5 Amigos de clase o del colegio. ....

   6 En matemáticas este símbolo (×) significa ....

   7 Trabajo de la clase de manualidades, de papel, apto para enviar antes del 25 de diciembre.

      ....

   8 Difícil de hacer años más tarde, al volver a encontrarse unos compañeros de primaria.

      ....

4.2 Further education and training (1)

Despegue

1 Caminito. Empezando por la letra que está arriba del todo a la izquierda, sigue el caminito de las letras que forman palabras asociadas con el tema. ¡Atención! Es posible seguir el caminito en todas las direcciones menos en diagonal. Si quieres, usa un color diferente para las palabras que encuentres – hay diez en total.

E	M	P	T	O	R	M	E	O	C	I
A	Z	E	O	I	E	A	R	G	E	O
R	P	I	L	D	F	A	D	A	N	R
N	A	M	O	I	N	Y	U	R	C	I
Q	B	A	V	I	E	R	E	I	L	E
U	E	R	O	A	J	A	N	T	E	R

2 Empareja las palabras en español (números) con su versión en inglés (letras). ¡Atención! No necesitas todas las palabras en inglés. Se ha hecho el primero como ejemplo.

1 aprobar ....E....

2 idioma ....

3 ordenador ....

4 cliente ....

5 nivel ....

6 grado ....

A language

B degree

C computer

D level

E *to pass*

F profession

G to fail

H client

3 Resuelve los anagramas.

1 recoja ....

2 redorando ....

3 daimio ....

4 encogió ....

5 cifrába ....

6 radio ....

4.2 Further education and training (2)

vuelo

1 Completa la frase con un verbo del recuadro. ¡Atención! Hay más opciones que huecos.

    1 El año próximo cuando .... la carrera...

    2 En cuanto .... 18 años...

    3 Mis amigos quieren que .... a la misma universidad que ellos.

    4 Estoy seguro que .... matemáticas.

    5 Cuando .... la universidad me impresionó bastante.

    6 Voy a estudiar inglés para que me .... con mi profesión.

llego	ayude	voy	estudiaré	vaya
tengo	visité	tenga	termina	visite
llegue	termine	ayuda		

2 Rellena el hueco seleccionando una de las dos opciones a continuación.

    1 Sueño .... ser ingeniero. (*con/de*)

    2 Por .... sé que debo estudiar mucho. (*mucho/ahora*)

    3 Quiero empezar a ganar dinero lo .... posible. (*antes/tarde*)

    4 Este verano voy a .... prácticas. (*saber/hacer*)

    5 Quiero tener mi .... negocio. (*posible/propio*)

    6 De .... trabajo los fines de semana en una pizzería. (*momento/ahora*)

    7 Me paso la vida estudiando pero no es .... fácil. (*ninguna/nada*)

    8 A mí me fascina la idea .... tener mi propia empresa. (*al/de*)

3 Detective lingüístico. Resuelve las pistas.

    1 Licenciarse es tener un ....

    2 Para ser piloto, por ejemplo, hay que terminar unos cursos especializados. Esto se llama

       ....

    3 Adjetivo (plural) para expresar la idea de trabajo – hacer prácticas ....

4 Sinónimo de "escoger" o "seleccionar". ....

5 Sinónimo de "tener confianza". ....

6 El periodo de estudios en la universidad. ....

4.3 Future career plans (1)

Despegue

1 Resuelve los anagramas.

1 perifónos ....

2 recoges ....

3 retentivas ....

4 reactivo ....

5 acuesten ....

6 birle ....

2 Empareja las palabras en español (números) con su versión en inglés (letras). ¡Atención! No necesitas todas las palabras en inglés. Se ha hecho el primero como ejemplo.

1 abogado ....H....

2 periodismo ....

3 entrevistar ....

4 resolver ....

5 maleducado ....

6 perfil ....

A periodical

B to interview

C profile

D to solve

E polite

F rude

G journalism

H *lawyer*

3 La familia de las palabras. Usa las columnas para relacionar las palabras a continuación y rellenar los huecos. Se ha hecho el primero como ejemplo.

	Infinitivo	Adjetivo	Sustantivo
1	disponer	disponible	disponibilidad
2	comunicar	comunicativo/a	
3	obligar		obligación
4	crear		creatividad
5		preocupado/a	
6	trabajar		trabajo
7		estudioso/a	estudio(s)
8	divertir(se)		
9	madrugar	madrugador/a	

4.3 Future career plans (2)

vuelo

1 Usa un color diferente para marcar la palabra que no cuadra.

1	grado	profesión	carrera	estudiar
2	desventajas	problemas	soluciones	inconvenientes
3	notas	resultados	premios	ventajas
4	perder	aconsejar	recomendar	guiar
5	decidir	conocer	elegir	seleccionar
6	apoyar	ayudar	actualizar	echar una mano

2 ¡Estas frases no tienen sentido! Cambia el orden de las palabras para resolverlas. La primera palabra ya la tienes.

1 en estudiar tener futuro trabajo importante el es para un

Es ....

2 profesión que suerte la elegí con tuve

Tuve ....

3 una química fue estudiar equivocación gran

Estudiar ....

4 me física se bien matemáticas las la dan y

Se ....

5 dedico enseñanza encanta la y la me actualidad en a me

En ....

6 trabajo carrera aconsejo mientras busques estudias un la te que

Te ....

3 ¡Faltan los sustantivos en todo el párrafo! Rellena los diez huecos, pero ¡atención! porque hay más palabras que huecos.

El .... que cometí fue no conocerme a mí mismo. Esto me llevó a elegir la

.... de .... cuando en realidad la parte ....

no se me daba tan bien. Sí que manejaba bien el .... pero no me di

cuenta de la .... del .... teórico. Después de hacer unas

.... decidí cambiar de .... y ahora estoy mucho más contento

con mi.............................. .

equivocación	profesiones	carrera	teórica
curso	elección	error	importancia
prácticas	diseño	arquitectura	elemento

4.4 Employment (1)

Despegue

1 ¿Masculino y/o femenino? A continuación tienes la forma masculina de varios sustantivos: ¿qué es su forma femenina?

1 el dependiente ....

2 el guía ....

3 el dueño ....

4 el atleta ....

5 el recepcionista ....

6 el escritor ....

7 el futbolista ....

8 el actor ....

2 Caminito. Empezando por la letra que está arriba del todo a la izquierda, sigue el caminito de las letras que forman palabras asociadas con el tema. ¡Atención! Es posible seguir el caminito en todas las direcciones menos en diagonal. Si quieres, usa un color diferente para las palabras que encuentres — hay nueve en total.

C	A	T	I	C	O	E	N	E	N	C	I	Ó	N
A	M	Á	N	O	C	I	T	M	D	A	E	U	S
R	A	B	S	E	N	D	A	O	C	E	L	J	E
E	S	J	E	P	B	O	C	I	B	R	D	A	R
R	O	O	D	E	R	A	R	L	R	E	O	C	A

3 ¡Socorro! Escribe las vocales que faltan. Una pista: el símbolo * significa que las letras que faltan son las mismas sin contar los acentos.

1 __xp__ri__ncia*

2 f__t__ro*

3 tr__b__j__r*

4 s__b__tico*

5 c__m__rero*

6 dec__d__do*

4.4 Employment (2)

vuelo

1 Estas palabras están desordenadas: tres están escritas al revés y tres tienen todas las letras confundidas. Resuélvelas.

1 acitámrofni ....

2 oseldu ....

3 jamaren ....

4 riugesnoc ....

5 aicneserp ....

6 ooharri ....

2 ¡Estas frases no tienen sentido! Cambia el orden de las palabras para resolverlas. La primera palabra ya la tienes.

1 trabaja es dependiente honesto que el aquí muy

El ....

2 conseguir para este pasos seguí varios empleo

Seguí ....

3 ha dado me este mucha trabajo satisfacción

Este ....

4 el puesto al inglés para aprendí acceder

Aprendí ....

5 es más la flexibilidad cualidad importante la

La ....

6 capaz de trabajo soy puntual llegar al

Soy ....

3 Empareja las palabras en español (números) con su versión en inglés (letras). ¡Atención! No necesitas todas las palabras en inglés. Se ha hecho el primero como ejemplo.

1	angloparlantes	....G....	**A**	post	**F**	efficient
2	confianza	....	**B**	to save (money)	**G**	*English-speaking*
3	ahorrar	....	**C**	to advertise	**H**	to achieve, to succeed
4	empresa	....	**D**	to carry out	**I**	board and lodging
5	alojamiento y alimento	....	**E**	confidence	**J**	company
6	el puesto	....				
7	desempeñar	....				
8	conseguir	....				

4.5 Communication and technology at work (1)

1 Resuelve los anagramas.

1 negada ....

2 semejan ....

3 esculpid ....

4 porreado ....

5 gemída ....

6 conservación ....

2 Estas palabras están desordenadas: cuatro están escritas al revés y cuatro tienen todas las letras confundidas. Resuélvelas.

1 ragloc ....

2 amadall ....

3 quecaseivor ....

4 odnacinumoc ....

5 tendoctoras ....

6 ratona ....

7 tofeélon ....

8 ojif ....

3 Escribe los números de teléfono en cifras.

1 cero cuarenta y cuatro, quince treinta, sesenta y cuatro veintidós setenta

....

2 cuatro veintinueve, noventa y tres, cincuenta y cinco

....

3 tres cuarenta y cuatro, ochenta y siete, cero tres

....

4 cero cincuenta y seis, doce ochenta y nueve, setenta y cinco trece cero dos

....

5 cuatro dieciséis, tres cincuenta y uno, sesenta y cuatro, diez

....

6 nueve doce, cero veinte, catorce, dieciocho

....

4.5 Communication and technology at work (2)

Despegue

1 Usa un color diferente para marcar la palabra que no cuadra.

1 archivo	carpeta	contraseña	empleado
2 actividad	ordenador	pantalla	portátil
3 ratón	normas	teclado	inalámbrico
4 conectar	navegar	establecer	página de inicio
5 página web	impresora	tableta	empresa
6 instalación	antivirus	ratón	el grupo de chat

2 Empareja las palabras en español (números) con su versión en inglés (letras). ¡Atención! No necesitas todas las palabras en inglés. Se ha hecho el primero como ejemplo.

1 comprobar ....G....

2 hacer clic ....

3 película ....

4 las redes sociales ....

5 la seguridad en línea ....

6 rellenar un formulario ....

A social media   **E** to fill in a form

B online security   **F** to click

C reminder   **G** *to check*

D film   **H** home page

3 Rellena los huecos para resolver las oraciones escogiendo dos de las tres palabras a continuación.

1 Es .... guardar todos los .... en la Intranet.

contraseñas   *obligatorio*   *archivos*

2 Todos los .... deben tener contraseña ....

propia   *teclados*   *usuarios*

3 La página web de la empresa es la página de .... en la ....

pantalla   *tabletas*   *inicio*

4 El trabajo a .... se puede realizar en ciertas ....

distancia   *circunstancias*   *días*

5 En total la .... ofrece diez .... pero ninguna para usos personales.

impresoras   *equipos*   *empresa*

6 Si hay dudas .... hay que .... al equipo técnico.

despedir   *avisar*   *informáticas*

4.5 Communication and technology at work (3)

vuelo

1 ¡Socorro! Escribe las vocales que faltan. Una pista: el símbolo * significa que las vocales que faltan son las mismas.

    1 c__ndid__t__*

    2 d__spon__b__l__dad*

    3 __xp__ri__ncia*

    4 c__ntrat__*

    5 tr__b__j__dor__*

    6 v__stirs__*

2 ¡Faltan los sustantivos en todo el párrafo! Rellena los diez huecos, pero ¡atención! porque hay más palabras que huecos.

La .... laboral que tengo es extensa pues trabajé en una .... de

.... este............................ . Si tengo que especificar mi ....

preferido para una .... diría que me va mejor por la .... y que no

hay ningún .... con mi .... la .... que viene.

documento	disponibilidad	exportación	experiencia
horario	equipo	problema	empresa
semana	tarde	entrevista	verano

3 Detective lingüístico. Resuelve las pistas.

    1 Contrario de "punto fuerte". ....

    2 Dos emociones que un/a candidato/a puede experimentar durante una entrevista, especialmente si tiene muchas dudas. ....

    3 Documento que hay que firmar antes al aceptar oficialmente una oferta de trabajo.

       ....

    4 Si un trabajo no es fijo, es ....

    5 Sinónimo de "responder". ....

    6 Bloques de tiempo, mitades del día laborable, de mañana o de tarde. ....

5.1 International travel (1)

Despegue

1 Estas palabras están desordenadas: cuatro están escritas al revés y cuatro tienen todas las letras confundidas. Resuélvelas.

1 eaieqpju ....

2 avtuel ....

3 oitis ....

4 rarap ....

5 ocimónoce ....

6 opncoies ....

7 ettrraonps ....

8 etnemadomóc ....

2 Resuelve los anagramas.

1 nadén ....

2 astenicó ....

3 fractura ....

4 tirela ....

5 FRENE ....

6 cabian ....

7 podriá ....

8 paris ....

3 Descubre las palabras secretas. Observa que las letras que se usan corresponden a una serie de números. Utiliza la clave para descifrar las palabras; atención porque además tienes que rellenar algunos espacios y tendrás que añadir los acentos ortográficos que faltan.

A	B	C	D	E	F	G	H	I	J	L	M	N	O	P	Q	R	S	T	U	V	Y	Z
1	2	3	4	5	6	7	8	9	10	12	13	14	15	16	17	18	19	20	21	22	23	24

1 3, 15, 14   5, 12   1, 9, __, 5   1, 3, 15, 14, 4, 9, 3, 9, 15, 14, 1, 4, 15   5, 19
3, 15, __, 15, 4, 15   22, 9, 1, 10, 1, 18   5, 14   20, 18, 5, 14

....

....

2 19, 9   20, 9, 5, 14, 5, 19   13, 21, 3, 8, 15   5, __, 21, 9, 16, 1, 10, 5   14, 15   __, 1, 23   16,
18, 15, 2, 12, 5, 13, 1

....

....

3 5, 12   5, 19, __, 1, 3, 9, 15   5, 14   5, 12   20, 18, 5, 14   5, 19   13, 5, 10, 15, 18   17, 21, 5
5, 14   5, 12   1, __, 9, 15, 14

....

....

4 12, 1 __, 18, 9, __, 21, 12, 1, 3, 9, 15, 14   4, 5   3, 1, 2, 9, 14, 1   19, 9, 5, 13, 16, 18, 5   1, 23, 21, 4, 1

....

....

5 6, 1, __, 20, 21, 18, 1, 18   12, 1, 19   __, 1, 12, 5, 20, 1, 19   5, 19
15, 2, 12, 9, 7, 1, 20, 15, 18, 9, 15

....

....

6 23, 1   1, 22, 9, 19, 1, 14   12, 1   16, 21, __, 18, 20, 1   4, 5   5, __, 2, 1, 18, 17, 21, 5

....

....

7 14, 15   8, 1, 23   7, 18, 1, 14, 4, 5, 19   3, 15, __, 1, 19   5, 14   12, 1, 19
20, 1, __, 21, 9, 12, 12, 1, 19

....

....

8 5, 14   5, 12   3, 15, __, 8, 5   8, 1, 23   17, 21, 5   12, 12, 5, 22, 1, 18   4, 15, 19
__, 18, 9, 1, 14, 7, 21, 12, 15, 19   4, 5   19, 5, 7, 21, 18, 9, 4, 1, 4

....

....

5.1 International travel (2)

vuelo

1 Estas palabras están desordenadas: cuatro están escritas al revés y cuatro tienen todas las letras confundidas. Resuélvelas.

1 racotua ....

2 oeslupecátc ....

3 omipiraügs ....

4 oiratnulov ....

5 anatzelaru ....

6 raturfsid ....

7 oouiectmsr ....

8 onirgerep ....

2 Cazasustantivos. Faltan los sustantivos en todo el párrafo. Rellena los huecos con palabras del recuadro. ¡Atención! Hay más palabras que huecos.

Estoy ahorrando para comprarme una .... de manera que la idea de viajar a

varios .... durante todo un .... me parece que se queda para

otra .... Sin embargo, sí que me gustaría hacer algo diferente (¡y barato!) y me

interesa la .... de perfeccionar un .... Lo que quiero es una

.... completa entonces un .... iría bien.

idioma	idea	inmersión	lujo
año	guitarra	alojamientos	ocasión
idioma	intercambio	países	temporadas

3 Detective lingüístico. Resuelve las pistas.

1 La persona que hace un viaje (muchas veces a pie) para llegar a un destino religioso (como en el Camino de Santiago, en España). ....

2 Nombre de este tipo de viaje. ....

3 Más barato que barato: sin tener que pagar nada – dos palabras similares que empiezan con la letra "g". ....

4 Deporte extremo (aunque no siempre) que se practica en el mar o en un río y empieza con la letra "p". ....

5 Sinónimo de "equitación"; tres palabras. ....

6 Sinónimo de "excursionismo"; termina con las mismas cuatro letras. ....

7 Alojamiento barato para la persona del número uno (si es estudiante, por ejemplo).

....

8 Forma de tener vacaciones sin pagar nada; solo tienes que ayudar a los otros. A lo mejor te ofrecen alojamiento. Ser ....

5.2 Weather on holiday (1)

Despegue

1 Usa un color diferente para marcar la palabra que no cuadra.

1 soleado	intenso	lluvioso	fresco
2 nuboso	despejado	aislado	tormentoso
3 pronóstico	previsión	tiempo previsto	abundante
4 sistemático	frío	caluroso	helado
5 nieve	anuncio	niebla	granizo
6 viento	lluvia	montaña	tormenta

2 ¡Socorro! Escribe las vocales que faltan. Una pista: el símbolo * significa que las letras que faltan son las mismas.

1 vi__ntos fu__rt__s*

2 pr__n__sticar*

3 t__mp__raturas*

4 des__gr__d__ble*

5 ll__vi__s__

6 h__med__

7 v__ri__ble*

8 b__j__s*

3 Descubre las palabras secretas. Observa que las letras que se usan corresponden a una serie de números. Utiliza la clave para descifrar las palabras; atención porque además tienes que rellenar algunos espacios y tendrás que añadir los acentos ortográficos que faltan.

A	B	C	D	E	F	G	H	I	J	L	M	N	O	P	Q	R	S	T	U	V	Y	Z
1	2	3	4	5	6	7	8	9	10	12	13	14	15	16	17	18	19	20	21	22	23	24

1 22, 1   1   __, 18, 1, 14, 9, 24, 1, 18   3, 15, 14   13, 21, 3, 8, 1   7, 21, 5, 18, __, 1

....

2 14, 21, 5, 19, 20, 18, 15   19, 9, 19, 20, 5, 13, 1   16, 1, 18, 1   13, 5, __, 9, 18   12, 15, 19
22, 9, __, 14, 20, 15, 19   6, 21, 5, 18, 20, 5, 19   5, 19   14, 21, 5, 22, 15

....

....

3 19, 5   8, 1, 14   1, 14, __, 14, 3, 9, 1, 4, 15   20, 15, __, 13, 5, 14, 20, 1, 19   5, 14
20, 15, 4, 15   5, 12   16, 1, 9, 19

....

....

4 12, 1, 19   18, 5, ___, 9, 5, 14, 20, 5, 19   12, 12, 21, 22, 9, 1, 19   8, 1, 14
1, 6, 5, 3, 20, 1, 4, 15   12, 1,   20, 5, ___, 16, 5, 18, 1, 20, 21, 18, 1

....

....

5 5, 12,   9, 14, ___, 5, 14, 19, 15   3, 1, ___, 15, 18   16, 21, 5, 4, 5   3, 1, 21, 19, 1, 18
9, 14, 3, 5, 14, 4, 9, 15, 19

....

....

6 5, 12   16, 18, ___, 14, 15, 19, 20, 9, 3, 15   4, 5, 12   20, 9, ___, 13, 16, 15   14, 21, 14, 3, 1
5, 19   6, 9, 1, 2, 12, 5

....

....

7 16, 1, 18, 1   5, 22, 9, 20, 1, 18   12, 1, 19   12, 12, ___, 22, 9, 1, 19   8, 1, 23   17, 21, 5
9, 18   1, 12   5, ___, 20, 5

....

....

8 5, 19, 16, 5, 18, 1, 13, 15, 19   21, 14, 1   15, ___, 1   4, 5   ___, 1, 12, 15, 18   1, 17, 21, 9

....

....

5.2 Weather on holiday (2)

vuelo

1 Empareja las palabras en español (números) con su versión en inglés (letras). ¡Atención!
No necesitas todas las palabras en inglés. Se ha hecho el primero como ejemplo.

1 parar de llover ....J....

2 tras   ....

3 cubrir   ....

4 cubo   ....

5 soplar   ....

6 sin descanso   ....

7 pronosticar   ....

8 daños   ....

A to blow (of wind)

B to forecast

C noises

D damage

E endless

F torrential

G bucket

H to cover

I after (time)

J *to stop raining*

2 Decide si estas oraciones son verdaderas (V) o falsas (F).

1 La lluvia acompañada de vientos fuertes se llama tormenta. ☐

2 Cuando el agua empieza a caer por un agujero en el techo, es útil tener un cubo. ☐

3 Cuando hay mucha niebla, un paraguas es necesario. ☐

4 El pronóstico del tiempo nunca se equivoca. ☐

5 Un cielo despejado es cuando hay muchas nubes. ☐

6 La ropa adecuada se elige en función del tiempo. ☐

3 Detective lingüístico. Resuelve las pistas.

1 Recipiente de cocina; útil cuando hay una gotera en casa. ....

2 Las autoridades hacen esto con el transporte público en caso de inundaciones.

....

3 Una de las cuatro estaciones; viene antes del invierno. ....

4 Alojamiento que no cuesta un dineral; típicamente para estudiantes. (Dos palabras)

....

5 "Después de" con expresión temporal; cuatro letras. ....

6 Una palabra para describir lluvias "muy fuertes". ....

7 Temperaturas bajo cero son temperaturas ....

8 Un clima agradable sin extremos es un clima ....

5.3 Festivals and faiths (1)

Despegue

1 Resuelve los anagramas.

1 encomiare ....

2 andamio ....

3 urdio ....

4 incitadór ....

5 drógan ....

6 lamina ....

7 sueter ....

8 crustula ....

2 Empareja las palabras en español (números) con su versión en inglés (letras). ¡Atención!
No necesitas todas las palabras en inglés. Se ha hecho el primero como ejemplo.

1 en absoluto ....I....	**A**	tasty	**F**	lucky
2 la suerte	**B**	mayor	**G**	to feel like
3 afortunado	**C**	to avoid	**H**	arrival
4 sabroso	**D**	to light, to switch on	**I**	*not at all*
5 la llegada	**E**	luck	**J**	noisy
6 ruidoso				
7 el alcalde				
8 encender				

3 Rellena los huecos para resolver las oraciones escogiendo dos de las tres palabras a continuación.

1 Me encantaron las fiestas tan .... de .... un año.

momentos   *hace*   *espectaculares*

2 Después hay la posibilidad de .... de la mejor ....

disfrutar   *fuegos*   *comida*

3 Para comer podemos .... la comida .... de aquí.

disfrutar   *probar*   *típica*

4 Para llegar al centro es .... ir a pie porque hay tanta ....

peatones   *gente*   *mejor*

5 Los fuegos .... son a partir de las diez de la ....

noche   *suerte*   *artificiales*

6 La .... del año .... me gustó más.

procesiones   *pasado*   *celebración*

7 Este año el .... de fiestas es mucho más ....

completo   *lista*   *programa*

8 El .... siempre da un .... a los mejores disfraces.

premio   *alcalde*   *espectáculo*

5.3 Festivals and faiths (2)

vuelo

1 Estas palabras están desordenadas: tres están escritas al revés y cinco tienen todas las letras confundidas. Resuélvelas.

1 etnanoicome ....

2 robmat ....

3 eíuachchr ....

4 baientem ....

5 ulced ....

6 dacaidr ....

7 oicaiscrif ....

8 etnanoiserpmi ....

2 Descubre los nombres de ocho festivales. Observa que las letras que se usan corresponden a una serie de números. Utiliza la clave para descifrar las palabras; atención porque además tienes que rellenar algunos espacios y tendrás que añadir los acentos ortográficos que faltan.

A	B	C	D	E	F	G	H	I	J	L	M	N	O	P	Q	R	S	T	U	V	W	Y	Z
1	2	3	4	5	6	7	8	9	10	12	13	14	15	16	17	18	19	20	21	22	23	24	25

1 5, 12 __ 9, __ 4, 5 18, __, 24, __, 19

....

2 14, __, 3, __, 5, 2, 21, __14, __

....

3 __, 1, 13, __, 4, __, __

....

4 5, 12 4, 9, 1 4, 5 __, 1, __, 9, __, 1,4

....

5 12, 1 6, 9, __, 19, __, 1 4, 5 __, 9, __

....

6 19, 5, __, 1, 14, 1 __, 1, __, __, 1

....

7 3, 1, __, 14, __, __, 1, __

....

8 4, __, __, 1, 12, __

....

3 Detective lingüístico. Resuelve las pistas.

1 Contrario de apagar (luces). ....

2 Navidad es una fiesta cristiana y Ramadán es una fiesta ....

3 Adjetivo de "drama", sinónimo de "emocionante". ....

4 Sinónimo de "desfile". ....

5 Lo que hay en un paso; algo religioso, sinónimo de "figuras". ....

6 Sinónimo de "atmósfera". ....

7 Pasarlo bien. ....

8 El momento más importante es el momento ....

5.4 International menus (1)

Despegue

1 Resuelve los anagramas.

1 calcareo ....

2 surgia ....

3 tendero ....

4 trompicar ....

5 churepo ....

6 acerte ....

7 éntras ....

8 lime ....

2 Empareja las palabras en español (números) con su versión en inglés (letras). ¡Atención! No necesitas todas las palabras en inglés. Se ha hecho el primero como ejemplo.

1 platos ....J....

2 cocinar ....

3 cocinero ....

4 postres ....

5 carne ....

6 sartén ....

7 batidora ....

8 microondas ....

A to cook

B microwave

C desserts

D honey

E meat

F saucepan

G chef

H recipe

I mixer

J *dishes*

3 ¡Socorro! Escribe las vocales que faltan. Una pista: el símbolo * significa que las letras que faltan son las mismas (sin contar acentos).

1 c__l__b__z__*

2 r__mov__r*

3 r__c__ta*

4 c__chill__

5 del__c__oso*

6 c__sc__s*

7 tr__z__s*

8 ac__it__*

5.4 International menus (2)

vuelo

1 Usa un color diferente para marcar la palabra que no cuadra.

1 carne	pescado	tartas	arroz
2 unidos	juntos	en familia	solos
3 lentejas	garbanzos	tomates	carne
4 cacerola	cuenco	receta	sartén
5 sopa	carne	dulces	patatas
6 deliciosísimo	enojadísimo	buenísimo	riquísimo
7 electrodomésticos	lentejas	garbanzos	arroz
8 miel	sopa	almendras	azúcar

2 Decide si estas oraciones son verdaderas (V) o falsas (F).

1 El arroz se puede usar tanto en los postres como en los platos principales.

2 Los dulces se preparan solo los días festivos.

3 La comida basura es una comida casera.

4 Los jóvenes no suelen pasar tiempo en la cocina elaborando platos tradicionales.

5 Comer en familia es tradicional en muchas culturas.

6 El desayuno se prepara por la tarde.

7 Los electrodomésticos son inventos relativamente nuevos.

8 El clima de un país no afecta los menús típicos.

3 ¡Faltan los adjetivos en todo el párrafo! Rellena los nueve huecos, pero ¡atención! porque hay más palabras que huecos.

Recientemente mi hermano .... se casó, y se preparó una ....

fiesta para la familia .... , los amigos y los vecinos. Empezamos con ensaladas

.... , luego pescado .... , seguido de carne ....

y finalmente unos postres .... que había preparado la abuela. Una

comida............................. pero ....

gran	mixtas	entera	frito
familiar	buenísimos	riquísima	pequeño
tradiciones	ocupada	guisada	

5.5 Environmental problems (1)

Despegue

1 Estas frases no tienen sentido! Cambia el orden de las palabras para resolverlas. La primera palabra ya la tienes.

1 ruido problema calles un en las es el

Un ....

2 es las de los emisiones camiones importante reducir

Es ....

3 el es a los medioambiental mayor vehículos debido problema

El ....

4 no ahora del las hasta han todo soluciones funcionado

Las ....

5 intentamos vidrio en papel reciclar casa todo el y el

En ....

6 campaña organizar requiere tiempo una

Organizar ....

7 todos contaminación cosa combatir la es de

Combatir ....

8 baja termostato grados madre siempre mi el unos

Mi ....

2 Rellena los huecos para resolver las oraciones escogiendo dos de las tres palabras a continuación.

1 Para cuidar el .... yo personalmente reciclo .... y envases.

soluciones   *botellas*   *planeta*

2 En el colegio intentamos .... toda la .... del patio.

basura   *campaña*   *recoger*

3 Creo que esencial que cada .... haga algo para ....

problema   *ayudar*   *persona*

4 Donde yo vivo han intentado .... el .... del tráfico.

bajado   *volumen*   *reducir*

5 Ahora las .... de plástico cuestan el doble y me parece una

.... idea.

estupendo   *buena*   *bolsas*

6 Las calles .... en el centro de la .... son importantes.

tráfico   *ciudad*   *peatonales*

7 Combatir la .... causada por los .... es fundamental.

contaminación   *planeta*   *vehículos*

8 Ducharse en vez de .... es una manera de empezar a

.... el gasto del agua.

cuando   *reducir*   *bañarse*

3 Empareja las palabras en español (números) con su versión en inglés (letras). ¡Atención!
No necesitas todas las palabras en inglés. Se ha hecho el primero como ejemplo.

1 apagar ....B....	**A** noise	**F** rubbish
2 la basura	**B** *to turn off*	**G** to look after
3 cuidar	**C** ozone layer	**H** to improve
4 el envase	**D** to recycle	**I** factory
5 la fábrica	**E** to ban	**J** packaging
6 prohibir		
7 reciclar		
8 el ruido		

5.5 Environmental problems (2)

vuelo

1 Estas palabras están desordenadas: tres están escritas al revés y cinco tienen todas las letras confundidas. Resuélvelas.

1 onreibog ....

2 aplalilnt ....

3 geretpor ....

4 eeoibsstnl ....

5 otceyorp ....

6 oricadecl ....

7 téxoi ....

8 radiuc ....

2 Usa un color diferente para marcar la palabra que no cuadra.

1 protesta	manifestación	ayuntamiento	campaña
2 techo	ventana	talleres	pared
3 hábitat	pájaro	tranquilidad	ruido
4 empleados	campaña	activista	manifestación
5 pasión	equipo	protesta	cambios
6 impacto	efecto	visita	consecuencia
7 autopista	carretera	autovía	esfuerzo
8 celebrar	parar	combatir	reducir

3 Detective lingüístico. Resuelve las pistas.

1 Grupo de trabajadores de una empresa. ....

2 Contrario de fracaso, desastre. ....

3 Sinónimo de "cuidar". ....

4 Parte de un programa de la radio o de la televisión en que se hace preguntas a algún experto o personaje de cierta importancia. ....

5 Romper en trozos pequeños, destruir. ....

6 Si un proyecto tiene muchas posibilidades de tener éxito, entonces se puede decir que es

....

7 La parte de un edificio o construcción donde normalmente se fijan los paneles solares.

....

8 Sinónimo de "producir" electricidad. ....

Strengthen vocabulary skills with hours of ready-made activities that follow the order of the Student's Book.

» Ensure thorough understanding of the vocabulary for each topic before moving on.

» Target vocabulary learning according to specific needs with activities for each level of difficulty in the Student's Book.

» Inspire the creative use of language with varied and fun exercises such as crosswords, codewords and anagrams.

» Save valuable preparation time and expense with self-contained exercises that do not need photocopying and have full answers provided online.

Use with *Cambridge IGCSE™ Spanish (Third edition)*
9781510447578

For over 30 years we have been trusted by Cambridge schools around the world to provide quality support for teaching and learning. For this reason we have been selected by Cambridge Assessment International Education as an official publisher of endorsed material for their syllabuses.

This resource is endorsed by Cambridge Assessment International Education

✓ Provides learner support for the Cambridge IGCSE and IGCSE (9–1) Spanish syllabuses (0530/7160) for examination from 2021

✓ Has passed Cambridge International's rigorous quality-assurance process

✓ Developed by subject experts

✓ For Cambridge schools worldwide

HODDER EDUCATION

www.hoddereducation.com

ISBN 978-1-5104-4809-4

MIX
Paper | Supporting responsible forestry
FSC™ C104740